항로

플랫폼 생태계에서 표류하지 않을
항로航路

2025년 11월 24일 초판 1쇄 찍음
2025년 12월 5일 초판 1쇄 펴냄

지은이 계인국, 권재한, 김상준, 김은수, 노재인, 선지원, 엄영호, 한승혜, 홍현우

디자인 프라이빗엘리펀트
본문조판 아바프레이즈
펴낸곳 다돌책방
펴낸이 권현준
등록번호 제2023-000120호
전화 0505-300-1945
팩스 0505-320-1945
주소 서울시 강서구 공항대로 200, 703호
전자우편 ddadol@gmail.com

ISBN 979-11-90311-21-2 93350

ⓒ 계인국, 권재한, 김상준, 김은수, 노재인, 선지원, 엄영호, 한승혜, 홍현우, 2025

책값은 뒷표지에 있습니다.

계인국 권재한 김상준 김은수 노재인
선지원 엄영호 한승혜 홍현우 지음

플랫폼 생태계에서
표류하지 않을

항로

다돌책방

차례

들어가며

플랫폼과 생태계 그리고 규제   007

chapter 1

낯선 바다로
- 플랫폼 경제   017

chapter 2

선장이 된 선원들
- 일상의 침범과 플랫폼 참여 과정   031

chapter 3

보이지 않는 항해 비용
- 플랫폼 수수료   057

chapter 4

탐험을 도울 것인가 막을 것인가
- 한국의 플랫폼 규제   075

chapter 5

안전하고 효과적인 항해를 위해서
- 입법평가와 의견수렴절차   095

chapter 6

누가 키를 잡을 것인가
- 플랫폼 자율 규제   123

chapter 7

쉽게, 정확하게 그리고 예측할 수 있게
- 플랫폼 규제 설계의 조건   145

chapter 8

범선에서 기선으로
- 플랫폼과 인공지능   167

chapter 9

모두를 위해서 모두가 하는 항해
- 플랫폼 생태계와 국가의 역할   187

마치며
좋았던 시절은 계속될 수 있을 것인가   209

들어가며　　　　한국인터넷기업협회 디지털경제연구원

플랫폼과 생태계 그리고 규제

　　2009년, 판도라TV. 한국 동영상 서비스 시장 점유율 1위. 영국 로이터 뉴스 독점공급, 영어·일본어·중국어 글로벌 서비스. 2008년까지 판도라TV는 이 모든 것을 이뤄냈다. 그런데 2009년 4월, 모든 것이 달라졌다. '인터넷 실명제'가 시행됐다. 동영상을 업로드하려면 실명 인증을 거쳐야 했다. 그런데 같은 서비스를 제공하는 유튜브는? 국가 설정만 바꾸면 실명 인증 없이 자유롭게 동영상을 올릴 수 있었다. 3개월 뒤인 7월, '저작권 삼진아웃제'가 추가됐다. 저작권 침해 신고 3회면 서비스 이용이 정지됐다. 철저한 모니터링 시스템을 구축해야 했다. 유튜브는? 역시 적용 대상이 아니었다. 이용자들은 빠르게 움직였다. 번거로운 인증 없이 자유롭게 콘텐츠를 올릴 수 있는 유튜브로 대거 이동했다. 1위 사업자

는 순식간에 밀려났다. 오직 국내 기업에만 적용되는 규제가 생태계 전체를 바꿔놓았다.

2018년, 타다(TADA). '승차거부가 없는 택시가 있다면?' 2018년 10월, 타다는 이 질문에 답했다. 넓고 깨끗한 차량, 친절한 서비스, 자동 배차 시스템. 출시 1년 반 만에 회원 170만 명을 확보하며 선풍적 인기를 끌었다. 2020년 블라인드가 직장인 3,267명을 대상으로 한 조사에서 '가장 빠른 시일 내 해결해야 할 규제' 1위(26.4%)로 '타다·우버 등 택시면허 없는 운송서비스 제한'이 꼽혔다. 그러나 택시업계는 타다를 '불법 콜택시'로 고발했다. 1심과 2심에서 합법 판결을 받았지만, 2020년 3월 국회는 '타다 금지법'을 통과시켰다. 11~15인승 승합차 대여를 6시간 이상으로 제한하고, 대여·반납 장소를 공항이나 항만으로 한정했다. 2020년 4월, 타다는 서비스를 중단했다. 2023년, 대법원은 최종적으로 타다의 무죄를 확정했지만 서비스는 이미 사라진 뒤였다. 혁신적 서비스는 법원에서 합법 판결을 받았지만, 국회가 만든 새로운 법으로 시장에서 퇴출됐다. 규제의 의도와 결과가 정반대가 된 것이다.

이런 일들이 일어나는 이유는 무엇일까? 플랫폼을 어떻게 바라보느냐의 문제다. 전통적으로 인지해왔던 기업이라는 관점에서 보면, 플랫폼도 자산을 보유하고 상품을 생산하는 주체여야 한다. 택시 회사는 차량을 소유하고 기사를 고용해 운송 서비스를 제공한다. 이 프레임에서는 기업이 직접 통제하는 자원으로 가치를 만들어낸다. 그러나 플랫폼의 작동 방식은 다르다. 우버는 차량을 보유하지 않고, 배달 앱은 음식을 만들지 않는다. 플랫폼은 연결을 설계한다. 누가 누구를 만날지, 어떤 정보를 어떤 순서로 볼지, 어떤 행동을 권장하고 제한할지. 이 설계가 수백만 참여자의 선택과 행동에 영향을 미친다. 검색·평판·노출 방식이 조금만 바뀌어도 판매 전략, 이용 경험, 경쟁 구도가 함께 움직인다. 플랫폼은 시장의 한 참여자가 아니라, 새로운 경제적 구조를 만들어내는 존재다.

전통적 기업 이미지로만 플랫폼을 바라보면, 기업과 정부 모두 막막함을 느낀다. 기업은 '우리가 다 통제할 수 없는 부분까지 어떻게 책임을 지라는 건가?'라고 반문하고, 정부는 '기업이 아니라면 누가 책임을 지나?'라고 되묻는다. 대화는 교착 상태에 빠진다.

그러나 플랫폼을 생태계로 보면 질문이 바뀐다. 생태계라는 말은 비유가 아니다. 플랫폼에서는 다양한 행위자(이용자, 판매자, 배달기사, 광고주 등)가 서로 영향을 주고받으며 가치를 만들어낸다. 한쪽의 변화는 다른 쪽에 파급된다. 배달 수수료 정책이 바뀌면 라이더의 행동이 바뀌고, 그것이 다시 음식점주의 전략을 바꾸고, 결국 소비자 경험이 달라진다. 이것이 바로 '네트워크 효과'다. 참여자가 많을수록 플랫폼의 가치가 커지고, 각 참여자의 행동이 다른 참여자에게 영향을 미친다.

플랫폼 생태계가 건강하게 유지되는 것은 플랫폼 기업의 생존 조건이다. 단기 수익을 위해 한쪽에 과도한 부담을 지우면, 그 참여자들이 떠나고 생태계가 무너진다. 2016년 아프리카TV에서 수익 배분을 놓고 유명 BJ들과 갈등을 겪자, 이들이 대거 유튜브로 이탈했다. 정부 또한 단순히 '기업을 어떻게 규제할 것인가'에서 '생태계 전체의 균형을 어떻게 유지할 것인가'로 질문을 확장할 필요가 생겼다. 2009년의 인터넷 실명제는 국내 기업의 책임성을 높이려는 의도였지만, 국내 기업에만 적용되면서 생태계 전체가 해외 플랫폼으로 재편됐다. 규제의 의도와 결과가 정반대가 된 것이다.

현장이 혼란을 느낄 때, 현상을 해석하고 설명하는 것은 연구자의 몫이다. 경제학자들은 플랫폼의 양면시장 특성과 네트워크 효과를 분석했다. 그런데 이 개념들이 정책 현장에서 오해되거나 단순화되는 경우가 많았다. 플랫폼의 독과점이 문제라고 하지만, 네트워크 효과는 본질적으로 이용자가 한 곳에 모일 때 가치가 생기는 구조를 만든다. 그렇다면 문제는 독과점 자체가 아니라, 그 지위를 어떻게 사용하느냐일 수 있다. 경영학자들은 플랫폼 생태계의 행위자들을 연구했다. 기존 경제학의 '기업-노동자' 프레임으로는 설명되지 않는 새로운 관계들이 등장했다. 쿠팡이츠 라이더는 노동자인가, 사업자인가? 법적으로는 개인사업자지만 실질적으로는 플랫폼에 종속된다. '플랫폼 의존 기업가(platform dependent entrepreneur, PDE)'라는 새로운 개념이 필요했다.

법학자들은 기존 법체계의 한계를 지적했다. 플랫폼의 많은 행위는 기존 법으로도 규율 가능하다. 그런데 플랫폼이라는 이유로 새로운 법을 만들면, 중복 규제가 발생하고 산업적 병목이 생긴다. 반대로 플랫폼의 새로운 특성을 전혀 고려하지 않으면, 법이 현실을 따라가지 못한다.

연구자들은 각자의 시각에서 현실을 지적하고 있지만, 어느 관점에서도 지금의 플랫폼과 플랫폼 생태계를 명확하게 설명하기는 어려웠다.

2023년 초, 이 문제의식을 공유하는 아홉 명의 연구자가 한자리에 모였다. 한국인터넷기업협회가 주최한 세미나에서 만난 이들은 '더 좋은 플랫폼 생태계 포럼'이라는 연구모임을 시작했다. 다양한 전공 배경을 가진 이들은, 서로의 시각을 공유하며 플랫폼 생태계에서 발생하는 현상들을 더 이해하고 싶었다. 왜 플랫폼을 이해해야 했을까? 플랫폼이 우리에게 매우 중요한 존재가 되었기 때문이다. 플랫폼에 대한, 플랫폼 생태계에 대한 이해 없이 만들어진 정책이 산업을 바꾸고, 산업의 변화가 국가 경쟁력에까지 영향을 주는 것을 우리는 이미 목격한 적이 있다.

2009년의 인터넷 실명제와 저작권 삼진아웃제를 보자. 의도는 좋았다. 인터넷 공간의 책임성을 높이고, 저작권을 보호하려는 것이었다. 그런데 국내 기업에만 적용되면서, 이용자들은 규제를 받지 않는 유튜브로 이동했다. 판도라TV는 시장 1위에서 몰락했고, 14년 뒤 서비스를 종료했다. 국내 동영상 플랫폼 생태계가 통째로 해외 기업에 넘어갔다. 이것은 단순히 한 기업의 실패가 아니다. 국가의 플랫폼 주권이 약화되는 순간이었다. 지금도 비슷한 일들이 반복될 위험이 있다. 플랫폼에 대한 오해가 쌓이고, 그 오해를 바탕으로 정책이 만들어지면, 또다시 의도하지 않은 결과가 나타날 수 있다. 플랫폼 생태계를 명확하게 설명하는 것은, 더 나은 정책을 만들고, 건강한 생태계를 유지하고, 결국 국가 경쟁력을 지키는 일이다.

　플랫폼 기업의 고민도 깊다. 플랫폼 기업은 이윤을 추구한다. 그러나 작동 방식이 다르다. 전통적 기업은 '무엇을 만들어 팔 것인가'를 고민하지만, 플랫폼은 '어떻게 연결할 것인가'를 설계한다. 누가 누구를 만나게 할지, 어떤 정보를 먼저 보여줄지, 어떤 행동을 장려하고 제한할지. 이 설계가 생태계에 영향을 미친다. 문제는 플랫폼 기업 스스로도 이 복잡성을 완전히 예측하지 못할 때가 있다는 점이다. 어떤 정책 변화가 생태계 전체에 어떤 영향을 미칠지, 완벽하게 예측하기 어렵다. 2018년 카카오모빌리티는 카풀 서비스를 시작했지만, 택시기사들의 집단 반발이 이어지면서 사회적 갈등이 격화됐다. 결국 카풀 서비스는 심야시간대로 제한됐고, 이후 전면 중단됐다. 플랫폼도 시행착오를 겪는다. '우리는 알고리즘으로 매칭 효율을 최적화합니다.'라고 말하면, 일반 대중은 무슨 뜻인지 알기 어렵다. '우리는 투명하게 운영합니다.'라고 하면, 그럼 알고리즘을 공개하라는 요구가 돌아온다. 알고리즘을 공개하면 악용될 위험이 있고, 공개하지 않으면 불투명하다는 비판을 받는다.

　정부와 규제 당국도 마찬가지로 막막하다. 플랫폼 서비스는 우리 삶의 아주 가까운 곳에 있다. 아침에 일어나 뉴스를 보고, 출근길에 택시를 부르고, 점심 메뉴를 검색하고, 저녁에 배달 음식을 시킨다. 전통적 제조업이 생산한 물건을 '소비'하는 구조와 달리, 플랫폼 서비스는 우리 일상의 선택과 행동 그 자체에 깊게 관여한다. 그래서 플랫폼의 미묘한 변화에도 우리는 크게 체감한다.

마치 공공재처럼 느껴지기도 한다. 그러나 플랫폼 서비스는 공공재가 아니다. 이 사회적 기대와 현실 사이에는 분명한 괴리가 존재한다. 많은 사람들은 플랫폼이 '공공재처럼 모두를 위해 안정적으로 제공되어야 한다.'고 기대하는데, 실제로는 민간 기업이 이윤을 추구하며 운영하는 서비스라는 사실을 잊어버리곤 한다. 이 지점에서 정부와 규제 당국은 더 강하게 개입하고 규제해야만 할 것 같은 압박을 받는다. 그러나 정작 그들은 무엇을, 어디까지, 어떤 방식으로 규제해야 국민의 삶이 실제로 나아지는지 충분히 알지 못한다.

유럽연합(EU)은 2019년 'P2B 규정'을 통해 플랫폼의 순위 결정 기준을 투명하게 공개하도록 했다. 소상공인과 소비자를 보호하려는 의도였다. 그런데 알고리즘 공개 후, 일부 시스템을 악용하는 사례가 발생했고 플랫폼은 알고리즘을 더 복잡하게 만들게 되었다. 투명성은 유지되었지만 소상공인과 소비자들의 실질적 이해도는 낮아졌다. 이처럼 선의로 도입된 규제가 현장에서 예상과 다른 결과를 낳는 문제는 최근에도 반복되고 있다. EU는 구글·아마존·메타 등 빅테크 기업의 시장 지배력 남용을 막고 공정 경쟁을 보장하겠다며 2022년 '디지털시장법(Digital Markets Act., DMA)'를 발효하고 2023년 단계적으로 법을 시행했다. 그러나 법 시행 이후, EU 이용자들이 다른 지역보다 새로운 서비스나 기능을 더 늦게 이용하거나 아예 이용하지 못하는 경우가 늘어나면서, 전 세계 디지털 혁신에서 한 발 뒤처진 '디지털 2등 시민'이 되고 있다는 비판도 제기되고 있다.

그런데 한국의 규제 압력은 EU보다 더 강하다. 한국인터넷기업협회가 집계한 바에 따르면, 21대 국회 임기 4년 동안 발의된 디지털 산업 규제 법안은 무려 500건에 달했다. 전문가들은 이들 법안의 상당수가 산업에 대한 충분한 이해 없이 작성되었으며, 헌법적 문제를 내포할 가능성도 있다고 우려를 표명했다. 실제로 협회가 공개한 입법평가 결과는 시간이 지날수록 입법 품질이 오히려 저하되는 추세를 보여주었다.

21대 국회 임기 내내 플랫폼 규제를 둘러싼 논의가 계속되었음에도, 급변하는 산업 환경에 대한 이해는 전혀 개선되지 않았다. 더욱 심각한 문제는 이렇게 발의된 법안들 대부분이 국회에 쌓여만 있을 뿐 실질적인 논의 진전이 없었다는 점이다. 논의는 표류하고 법안만 누적되면서 이른바 '규제 피로'가 발생했다. 기업들은 국회의 임기 내내 통과 여부를 알 수 없는 수백 건의 법안에 대응하느라 귀중한 자원을 지속적으로 소모해야 했다.

'더 좋은 플랫폼 생태계 포럼'으로 모인 아홉 명의 연구자들은 하나의 목표를 공유했다. '좋다'와 '나쁘다'로 편을 가르는 것이 아니라, 무엇이 어떻게 바뀌고 있는지 명확하게 설명하고, 무엇을 어떻게 해야 하는지 방향을 제시하는 것으로 목표를 정했다. 그리고 이들은 대항해시대를 떠올렸다. 15~16세기, 유럽인들은 신항로를 찾아 바다로 나섰다. 그들에게는 정확한 지도가 없었다. 항해하며 지도를 그리고, 지도를 보며 다시 항해했다. 성공적인 항해를 위해서는 안전하고 효율적인 항로를 찾는 일이 꼭 필요했다.

플랫폼 생태계도 마찬가지다. 기존의 산업 지도로는 설명되지 않는 새로운 영역이다. 플랫폼 기업들은 신항로를 개척하는 항해사들이고, 정부와 규제 당국은 항로의 안전을 확보하려는 이들이다. 함께 항로를 개척해야 한다. 옛 지도에 기대어 길을 찾을 수 없으며, 지도를 그리면서 동시에 항해해야 한다.

이 책은 세 집단을 위해 쓰였다. 첫째, 플랫폼 기업이다. 플랫폼 기업은 자신을 설명하는 데 어려움을 겪는다. 빠르게 변하는 현장에 적응하고 경쟁하기도 벅찬데, 이를 일상 속 생활의 언어로 설명하는 것은 쉽지 않다. 새로운 길이기 때문에 당연한 일이지만, 대중에게 잘 설명하지 못하면 오해가 쌓이고, 오해는 정책이 되어 돌아온다. 이 책이 플랫폼 기업이 자신의 정체성을 설명하고 설득하는 데 도움이 되길 기대한다. 이 설명과 설득은 플랫폼 기업이 지속 가능하게 성장하는 길이기도 하다.

둘째, 정부와 규제 당국이다. 플랫폼 기업이 벌이는 글로벌 경쟁을 지원하면서도, 사회의 균형을 지켜내는 방법을 찾아야 한다. 그런데 플랫폼 기업조차 명확하게 설명하기 어려워하는 것들을 먼저 이해하고, 그에 맞춰 대응하는 것이 쉽지 않다. 이 책이 올바른 해석의 프레임을 제공하길 기대한다. 플랫폼을 기업이 아닌 생태계로 보면, 규제의 방식도 달라질 것이다.

셋째, 플랫폼 생태계에 참여하는 모든 이들이다. 음식점주, 배달기사, 온라인 판매자, 소비자. 플랫폼이 만드는 환경 속에서 살아가지만, 그 환경이 왜 그렇게 만들어지는지, 어떻게 바뀔 수 있는지 알기 어렵다.

플랫폼 기업이 설득의 프레임을, 규제 당국이 해석의 프레임을, 참여자들이 이해의 프레임을 가져갈 수 있다면, 셋 사이에 대화가 가능해진다. 소모적인 논쟁은 줄고, 예측 가능성은 높아지며, 혁신은 방향을 얻을 것이다.

아홉 명의 필자들은 우연하게도 '끼인 세대'로 구성되었다. 아날로그가 절정에 이르렀던 시기에 태어났고, 디지털이 세상을 바꾸는 것을 경험하며 자랐다. 이 책이, 변화가 오히려 익숙한 이들이 변화를 명확하고 유용하게 설명해내는 작업을 수행한 결과로 남기를 바란다.

chapter 1 　　　노재인 · 한국인터넷기업협회 디지털경제연구원

낯선 바다로
— 플랫폼 경제

디지털 기술이 터뜨린
새로운 경제 구조

상품 구매와 결제, 금융 계좌 개설, 주식 거래, 공공 서류 발급, 구직 활동에 이르기까지 많은 경제 활동이 스마트폰 하나로 처리되고 있다. 디지털 기술은 일상 곳곳에 깊숙이 자리 잡았고, 삶은 빨라졌으며 편리해졌다. 이런 변화는 아날로그에서 디지털로 도구가 바뀐 차원을 넘어선다. 디지털 기술은 경제를 작동시키는 근본 원리 자체를 다시 구성하고 있다. 정보의 흐름이 물류의 흐름을 대체하고, 알고리즘과 데이터가 시장의 방향을 결정하는 방식

으로 경제 구조가 전면적으로 재구성되고 있는 것이다.

　이러한 본질적 변화를 인식하고 논의하는 일은 더 이상 전문가만의 몫이 아니다. 현재 일어나고 있는 변화의 방향을 이해하는 것은 우리가 앞으로 살아갈 세상에 대한 감각을 갖는 일이자, 이에 대응해 준비하는 출발점이다. 새로운 질서를 제대로 이해하지 못한다면 제도와 규칙은 현실과 동떨어져 불편과 혼란을 불러올 수 있고, 예상치 못한 갈등이나 사회적 비용이 발생할 가능성도 커질 것이다. 그렇기에 지금 우리가 놓치지 말아야 할 핵심 질문은 이것이다.

　　'무엇이, 어떻게 바뀌고 있는가?'

　이 글은 이 질문에 대한 실마리를 찾아가는 여정의 시작이다.

가치창출방식의 변화
생산에서 연결로

　산업사회에서 경제적 가치는 주로 생산과정에서 발생했다. 토지, 노동, 자본이라는 생산요소를 얼마나 효율적으로 결합하느냐가 상품(재화와 서비스)의 품질과 가격을 결정했고, 기업의 경쟁력은 생산능력과 규모의 경제에 의해 결정되었다. 전통적으로 경제의 핵심 논리는 '만들어내는 자가 이윤을 얻는다.'였다.

그러나 플랫폼 시대로 들어서면서 이 공식을 근본적으로 흔드는 가치창출방식이 떠올랐다. 플랫폼 경제에서 기업이 창출하는 가치는 '생산물'이 아니라 '연결'의 구조와 경험이다. 플랫폼 경제에서 수요자와 공급자는 플랫폼이라는 중간 매개 공간에서 효율적으로 만날 수 있다. 두 참여자의 만남이 효율적일수록 양쪽의 효용은 모두 증가하고, 그 결과 플랫폼의 가치도 올라간다.

이러한 플랫폼의 특성을 '네트워크 효과(network effects)'라고 부른다. 사람들이 많이 모이는 것만으로는 효용이 늘어나지 않으며, 네트워크 효과가 발생하려면 연결의 빈도, 연결에 따른 결과의 질, 참여자의 다양성 등으로 가치가 동적으로 증폭되어야 한다.

구체적 사례를 살펴보자. 소유하고 있는 숙박 시설 하나 없이도 세계 최대 숙박 플랫폼이 된 에어비앤비(Airbnb)는 '객실을 직접 보유'하는 방식이 아니라, 여유 공간을 가진 사람들과 이를 찾는 여행자를 효율적으로 그리고 전 세계적으로 연결하는 방식으로 새로운 가치를 창출했다. 이 플랫폼은 공간 제공자와 이용자 사이의 상호 평가 시스템으로, 숙박의 질이나 가격보다도 '누구와 어디서 어떻게 연결되는지'를 더 중요한 경험으로 자리 잡게 만들었다.

마찬가지로 차량을 한 대도 보유하지 않은 우버(Uber)나 디디추싱(DiDi Chuxing) 같은 서비스가 세계적인 운송 네트워크를 구성할 수 있었던 것도 남는 자원을 필요한 사람에게 연결하는 설계 능력 덕분이다. 이들의 가치는 건물이나 차량이라는 유형의 자산에서 나오는 것이 아니라, 수요자와 공급자가 플랫폼에서 원활하게 만나고 상호작용할 수 있도록 설계하는 능력에서 나온다. 더 잘 연결하는 경쟁이 핵심 경쟁력이 되는 것이다. 다시 말해, 가치의 중심이 제품이나 서비스 그 자체에서 벗어나 '경험'을 '매개'하는 구조로 이동한 것이다.

경제를 움직이는 힘의 재편

디지털 전환은 경제를 구성하는 핵심 자산과 작동 방식에 근본적 변화를 가져왔다. 산업사회에서는 자본, 노동, 토지 같은 물리적 자산이 경제의 중심축을 이루었고, 생산수단을 보유한 기업들이 시장에서 주요 행위자로 기능했다. 그러나 플랫폼 경제에서는 정보가 핵심 자산으로 떠오르고 있으며, 정보의 수집·처리·연결 능력이 경제에서 중요한 역할을 하는 행위자로 활동할 수 있을지를 결정하는 기준이 되고 있다. 예를 들어 플랫폼 기업들은 수요자와 공급자 사이를 단순히 중개하는 정도로 연결하는 것이 아니라, 이들의 상호작용에서 만들어지는 데이터를 바탕으로 서비스 구조를 설계하고 경험을 최적화해서 경쟁 우위를 확보한다.[1]

한편 이 과정에서 정보는 단순 참고자료가 아니라, 시장을 설계하고 조직하는 핵심 요소로 기능한다. 구체적으로 플랫폼 기업은 데이터를 활용해 거래 조건, 매칭 방식, 정보 노출 순서 등을 구성한다. 따라서 정보를 얼마나 잘 수집하고 처리할 수 있느냐가 시장에서 중요한 행위자가 될 수 있는지를 결정하는 조건으로 작동한다. 예를 들어 아마존은 고객의 구매 이력, 검색 패턴, 평가 데이터를 종합해 개인 맞춤형 상품 추천 시스템을 구축하는데, 이것이 기존 소매업체들과 차별화된 경쟁력이다. 이러한 추천 시스템은 고객의 선택을 유도할 뿐만 아니라 판매자들의 마케팅 전략에도 직접적인 영향을 미친다. 이처럼 정보 기반 경제에서 기업들이 펼치는 경쟁은 전통적으로 중요하게 여겨졌던 생산능력이나 자본 규모가 아니라, 정보를 확보하고 분석하는 기술과 연결 구조의 설계 역량을 중심으로 일어난다. 이를 두고 '플랫폼 전략의 핵심'이라고 설명하면서, 데이터 흐름을 통제하고 이용자 간 상호작용을 촉진하는 구조를 가진 기업이 더 넓은 시장 지배력을 갖게 된다고 분석한다.[2]

이제 정보는 시장 접근성, 제품 설계, 가격 책정, 이용자 경험 등 거의 모든 경제 활동에서 중심에 놓이며, 자연스럽게 정보 경쟁(information-based competition)이 플랫폼 경제에서 핵심 전선이 되어가고 있다.

또한 플랫폼은 인터넷 인프라를 바탕으로 국경을 넘나드는 활동이 가능하기 때문에 특정 국가나 지역에 제한되지 않는다. 이런 연결성과 확장성으로 인해 플랫폼은 국경을 중심으로 하는 '국내 산업'이라는 전통적인 범주에 머무르지 않고, 동시에 여러 국가와 지역에서 정보와 이용자를 연결하면서 작동하는 행위자로 진화한다. 이를 두고 플랫폼이 점차 독립적인 규범과 질서를 구성하며 '국가를 보완하거나 대체하는 구조적 기능'을 수행하고 있다고 분석하기도 한다.

종합해보면 디지털 경제에서 기업은 단순 시장 참여자가 아니라, 시장의 조건을 설계하는 중심적 행위자로 기능하고 있다. 그리고 이와 같은 구조 변화는 사회적 혼란, 인식의 차이를 만들어내기도 한다. 대표적으로 '플랫폼이 시장을 독점한다.', '플랫폼이 공정 경쟁을 저해한다.'는 등의 걱정이다. 이러한 상황은 제도와 현실 사이의 차이를 더욱 멀어지게 만들면서 새로운 규칙 설정의 필요성을 제기한다.

플랫폼 경제의 내적 긴장과 외부 갈등

플랫폼 경제는 사용자에게 편리함과 효율성을 주며 새로운 시장 기회를 만들어주는 동시에, 구조적 특징으로 인해 여러 종류의 긴장과 갈등을 담고 있다. 특히 플랫폼이 사용자 사이의 상호작용을 중개하고 조직하므로 내적으로는 참여자 사이의 이해관계 충돌이라는 긴장과, 외적으로는 플랫폼을 둘러싼 사회적 인식과 실제 운영 방식 사이의 괴리에서 비롯되는 갈등을 동시에 발생시킨다.

내적 긴장 - 참여자 사이의 경쟁

내적 긴장은 플랫폼 안에서 여러 이용자들이 서로 다른 이해관계를 갖고 경쟁하는 구조에서 비롯된다. 플랫폼은 기본적으로 연결과 상호작용을 설계하는 공간이기 때문에 노출 알고리즘, 추천 시스템, 리뷰 및 평가 구조 등이 사용자들에게 유리함과 불리함을 달리 배분한다.

예를 들어 온라인 쇼핑 플랫폼에서 특정 검색어에 대한 상위 노출 방식에 따라 판매자들은 치열한 경쟁을 펼친다. 또한 콘텐츠 플랫폼에서는 조회수나 구독자 수에 따른 수익 배분이 크리에이터 사이에서 벌어지는 갈등의 원인이 되기도 한다. 이처럼 플랫폼은 누구나 자유롭게 참여할 수 있는 개방적 공간이 되는 것을 지향하지만, 내부 설계 구조가 불가피하게 경쟁과 긴장의 장으로 작동하는 양상을 갖는다.[3]

외부 갈등 - 공공성에 대한 기대와 사적 수익성의 충돌

한편 외부 갈등은 플랫폼에 대한 사회적 기대와 실제 플랫폼 기업의 역할 사이에서 발생한다. 플랫폼은 인터넷 인프라를 기반으로 누구나 접근할 수 있으며 뉴스, 메신저, 금융 결제 등 다양한 서비스를 무료 또는 매우 낮은 비용으로 제공한다. 이 과정에서 많은 사람들이 플랫폼을 일상적으로 이용하는 사회적 인프라로 인식한다. 그러나 본질적으로 플랫폼은 민간 영리 기업으로, 자체 수익 모델을 갖추어 지속 가능성을 확보해야만 생존할 수 있다. 따라서 광고, 수수료, 데이터 활용 등 다양한 방식으로 새로운 비즈니스 모델을 만들어내는데, 이러한 정책 변경이나 서비스 조정이 기업 입장에서 어쩔 수 없는 선택일지라도 이용자에게는 공공 서비스가 갑작스럽게 흔들리는 것처럼 받아들여질 수 있다. 결국 이러한 구조적 특성은 플랫폼의 의도와 무관하게 사회적 오해와 불신을 낳고, 나아가 플랫폼과 이용자, 더 나아가 사회 전체적 갈등으로 이어질 수 있다.

노동 구조의 변화와 제도적 공백

플랫폼 경제는 노동 구조에도 본질적인 변화를 일으켰다. 예를 들어 플랫폼이 전통적인 고용 관계에서 벗어난 '조각화된 노동(fragmented work)'의 전형을 만들어냈다는 지적이다.[4] 배달, 운송, 크라우드소싱 업무 등은 높은 유연성과 시간 선택권, 낮은 진입 장벽이라는 장점으로 노동자에게 새로운 기회를 제공하지만, 동시에 고용 안정성, 사회보장, 노동권 보호와 같은 기존 제도 밖에서 작동하는 구조를 갖는다.

예를 들어 플랫폼 노동자는 전통적 의미의 노동자가 아니라 개인사업자로 분류된다. 이들은 기업 내부에 고용되지 않고 플랫폼을 매개로 스스로 노동을 조직하며, 기존의 임금·고용 관계가 아닌 새로운 계약·보상 구조 안에서 움직인다.

이러한 변화는 '노동자'와 '사업자', '고용'과 '자영'이라는 전통적 이분법을 흐트러뜨리는 새로운 노동 구조 형성으로 이어진다. 플랫폼은 노동을 기존 법적·제도적 틀로 설명하기 어려운 방식으로 다시 짜고 있으며, 노동시장은 이에 따라 새로운 규범과 질서를 요구받는 장(場)으로 바뀌어가고 있다.

이처럼 플랫폼 경제는 내부적으로는 다양한 참여자 사이의 역동적 경쟁을 촉진하는 구조이고, 외부적으로는 사회가 플랫폼에 기대하는 역할과 실제 운영되는 현실 사이에서 나타나는 차이가 갈등을 만들어내는 구조다. 그리고 이러한 구조적 이중성은 플랫폼 경제가 단순한 기술 기반 산업이 아니라, 새로운 제도와 규범이 형성되고 있는 과도기적 공간임을 보여준다. 따라서 플랫폼 경제를 규율하거나 이해할 때, 기존 산업사회의 관점을 그대로 적용하기보다, 현재 플랫폼이 만들어가고 있는 새로운 질서의 구조와 방향성을 정확히 인식하고 그에 맞는 정책과 제도, 사회적 합의를 함께 모색할 필요가 있다.

플랫폼 경제를 이해하기 위한 새로운 분석 틀

전통적인 경제학의 가정 전통적인 경제학은 개인의 합리적 선택(rational choice), 완전한 정보(perfect information), 효율적 시장(efficient market)을 전제로 한다. 그러나 플랫폼 경제에서는 이러한 가정들이 잘 성립하지 않는다. 첫째, 플랫폼 안에서는 데이터 비대칭(data asymmetry)이 구조적으로 발생한다. 플랫폼 기업은 모든 거래와 상호작용 데이터를 수집하고 분석할 수 있지만, 개별 사용자는 제한적인 정보만을 갖는다. 둘째, 알고리즘은 특정 방향으로 콘텐츠나 상품을 배열해 선택 경로를 설계한다. 사용자의 선택은 플랫폼의 추천 시스템에 따라 일정 부분 영향을 받는다. 셋째, 네트워크 효과는 이용자 수가 많을수록 서비스의 가치가 높아지는 자기강화적 구조를 만들어낸다. 이로 인해 시장은 자연스럽게 균형을 이루기보다는, 플랫폼의 설계와 정책에 따라 비대칭적이고 예측 불가능한 방향으로 흘러갈 수 있다.[5]

사회기술 시스템 따라서 플랫폼은 산업 구조가 아니라, 기술·사회·경제·법·문화가 복합적으로 얽힌 사회기술 시스템(complex socio-technical system)으로 이해되어야 한다. 플랫폼을 성공적으로 작동하게 만드는 조건들은 기술적 요소뿐 아니라 규칙 설계, 참여자 인센티브, 신뢰 구조 등 다양한 요소에 의존한다.[6] 이러한 복합적 구조로 인해 플랫폼 경제를 단순히 규제하거나 산업적으로 키워내는 방식만으로는 여러 문제에 충분히 대응할 수 없으며, 새로운 사회계약(social contract)의 틀로 이해하고 논의할 필요성이 있다.

제도적 재설계 플랫폼 경제는 정보 기술의 활용이 개인과 사회의 상호작용 방식을 바꾸는 과정이며, 이로 인해 기존의 제도·규범·정책 체계 또한 새로운 환경에 맞게 재설계되어야 하는 과도기적 상황에 있다. 시장에서의 공정성, 정보 접근성과 투명성, 노동의 정의와 보호, 참여의 조건 등 다양한 영역에서 새로운 기준이 필요하며, 이는 경제 정책뿐만 아니라 사회적 합의와 법적 재구성을 동반해야 하는 문제다.

실증적 연구 이런 점에서 플랫폼 경제에 대한 논의는 거시적 담론 논의에 머무르기보다, 좀 더 구체적이고 실증적인 차원의 논의로 나아갈 필요가 있다. 실제로 플랫폼을 구성하는 알고리즘 설계 방식, 수수료 구조, 참여자 인센티브, 정책 효과 등을 실증적으로 분석하고, 여러 행위자들 사이의 상호작용 속에서 발생하는 결과들을 체계적으로 연구해야 한다.

이해 = 역량 당신이 일상에서 사용하는 배달 앱, 쇼핑 플랫폼, SNS가 어떤 방식으로 설계되어 있는지, 그 안에 어떤 이해관계가 얽혀 있는지, 당신의 선택이 어떤 구조에 의해 영향을 받고 있는지 명확히 이해하는 것. 이것이 플랫폼 시대를 살아가는 우리에게 필요한 핵심 역량이다.

플랫폼 경제를 더 잘 이해하기 위해서

지금까지 논의한 바와 같이, 플랫폼 경제의 등장과 확산은 단순하게 산업구조가 변했다거나 새로운 서비스가 출현했다는 식으로 이해할 수는 없다. 플랫폼 경제의 등장은 경제 활동의 작동 방식, 시장의 형성 구조, 참여자의 행위 조건 등 틀 자체가 변화하는 새로운 질서의 등장이다. 이러한 변화를 제대로 이해하기 위해서는 새로운 이해의 틀이 필요하다.

앞서 설명한 플랫폼 경제의 작동 방식에는 전통적인 경제학의 가정들, 예컨데 개인의 합리적 선택, 완전한 정보, 효율적 시장 등이 성립되지 않는다. 따라서 플랫폼은 기술, 사회, 경제, 법, 문화 등이 복합적으로 얽힌 하나의 '생태계'로 바라보아야 하며, 각 요인들 사이의 상호작용을 얼마나 잘 이해하는지에 따라서 더 나은 경제 구동이 가능하다. 이러한 복합적인 구조로 인해 플랫폼 경제를 단순히 규제하거나 산업적으로 키워내는 방식으로는 현재 그리고 미래에 등장할 여러 문제에 충분히 대응할 수 없으며, 오히려 의도하지 않았던 잘못된 결과를 야기할 수 있다.

플랫폼 경제는 이미 우리 삶에 깊게 자리 잡은 현실이다. 그리고 그 속에서 일어나는 변화는 결코 단순하지 않다. 이제 필요한 것은 과거의 익숙한 경제 틀로 이 세계를 해석하려는 시도가 아니라 새로운 질서에 걸맞은 이해와 대응이다. 그렇기에 우리는 다시 질문 해야 한다. '무엇이 어떻게 바뀌고 있는가?' 핵심은 분명하다. 이제 오해를 걷어내고 우리가 놓쳤던 플랫폼의 속 이야기를 제대로 마주하는 일이다.

주

1 Evans, D. S., & Schmalensee, R., *Matchmakers: The new economics of multisided platforms*, Harvard Business Review Press, 2016.
2 Parker, G. G., Van Alstyne, M. W., & Choudary, S. P., *Platform revolution: How networked markets are transforming the economy-and how to make them work for you*. W. W. Norton & Company, 2016.; (국내 번역) 마셜 밴 앨스타인, 상지트 폴 초더리, 제프리 파커 지음, 이현경 옮김, 『플랫폼 레볼루션-4차 산업혁명 시대를 지배할 플랫폼 비즈니스의 모든 것』, 부키, 2017.
3 Cutolo, D., & Kenney, M., 'Platform-dependent entrepreneurs: Power asymmetries, risks, and strategies in the platform economy', *Academy of Management Perspectives*, 35(4), pp. 584-605, 2021; https://doi.org/10.5465/amp.2019.0103
4 De Stefano, V., 'The rise of the just-in-time workforce: On-demand work, crowdwork and labour protection in the gig-economy', *Conditions of Work and Employment Series* No. 71. International Labour Office, 2016.; https://www.ilo.org/publications/rise-just-time-workforce-demand-work-crowdwork-and-labour-protection-gig
5 Evans & Schmalensee, 앞의 책.
6 Parker, Van Alstyne & Choudary, 앞의 글.

chapter 2   김상준 · 이화여자대학교 경영학부

선장이 된 선원들
– 일상의 침범과 플랫폼 참여 과정

장면 1

A씨는 서울 망원동에 있는 3층짜리 단독주택에서 부모님과 함께 살았다. A씨는 대학을 졸업하고 안정적인 직장을 구하지 못하고 있었다. 용돈이라도 벌어볼 마음으로 살던 집의 방 하나를 에어비앤비에 내놓았다. 그런데 이상한 일이 벌어졌다. 외국인 관광객들이 망원동에 있는 카페나 시장에 관심을 보이기 시작한 것이다.

"손님들이 한국 사람들이 자주 가는 식당을 묻더라고요. 그래서 망원동 지도를 손 그림으로 그려줬는데 인기가 많아졌습니다."

A씨는 집 주변에 있는 식당, 카페와 협력해 'A⁺ 망원 패스포트'

를 만들었고, 숙박하는 손님들에게 제공하기 시작했다. 망원동 로컬 소개와 할인 쿠폰이 포함된 이 책자는 에어비앤비 리뷰에 자주 등장했고, A씨의 숙소는 '체험형 숙소'로 주목받았다. A씨는 망원동 지역 콘텐츠 큐레이터이자 협업 네트워크의 핵심 인물로 점차 진화해 갔다.

"제가 주체적으로 뭘 만들어내는 사람이 된 것 같아요. 방을 빌려주는 것이 아니라, 망원동을 소개하는 콘텐츠를 파는 셈이죠."

장면 2

세 아이 엄마인 B씨는 첫째 아이를 유치원에 보내고, 둘째와 셋째를 돌보는 것으로 하루를 시작한다. B씨는 되풀이되는 아침 일상에서 벗어나려고, 스마트폰으로 간단하게 아이들에게 해주는 아침 식사를 찍어 SNS 스토리에 올리기 시작했다. 가볍게 기록을 남기고, 친구들과도 소통하기 위함이었다. 그런데 어느 날 B씨가 직접 만든 이유식 레시피 영상 하나가 SNS에서 폭발적으로 퍼져나갔다.

"DM으로 묻는 사람들이 늘어나더라고요. '이거 어디서 사요?' '레시피 더 알려줄 수 있나요?' 그때부터 뭔가 달라졌죠."

B씨는 콘텐츠를 체계적으로 업로드하기 시작했다. 식사 준비, 아이들과의 일상을 엮은 짧은 영상을 여러 SNS에 올린 것이

다. 그러자 SNS 업체에서 브랜드 협찬 제안을 해왔다. B씨가 사용하는 이유식 용기, 주방도구, 영양제 등을 소개하는 '육아 일상'은 점점 '직업'이 되었다.

"처음에는 직업은 아니고 그냥 하는 일이었는데, 사람들이 열광하기 시작하면서 돈이 될 수도 있다는 것이 신기했죠. 점점 제 일상이 바뀌기 시작했어요. 오전 촬영, 오후 편집, 밤에는 댓글 관리… 이제 완전히 직업이 되었죠."

B씨는 자체 이유식 브랜드를 론칭하고, 구독자를 대상으로 온라인 강의를 열었다. 플랫폼이 제공하는 알고리즘과 분석 도구를 활용해 콘텐츠를 기획해서 제작하고, 트렌드 데이터를 보며 시장을 읽는 눈도 키워갔다.

"남편이 처음에는 시간낭비하지 말라고 하더니, 지금은 저보다 먼저 협찬 메일을 확인해요."

장면 3
C씨는 부산광역시 서면 근처에 있는 작은 원룸에서 1인 셰프 브랜드 '키친C'를 시작했다. 음식 조리는 배달 앱 플랫폼에서 제공하는 공유주방을 이용했다. 간판도 없이 식당을 연 셈이지만 SNS에서 소문이 나기 시작했다.

"후기가 하나둘 늘어나더니, 손님들이 자기 SNS에 제 요리를 찍어 올리더라고요."

C씨는 고객 리뷰를 분석해 메뉴를 조정했고, 메뉴 이름도 '이별 후 혼자 먹는 덮밥', '퇴근하고 맥주 한 캔용 볶음밥'처럼 고객들이 남긴 후기를 바탕으로 감성적으로 구성했다. C씨는 자신만의 고객층을 확보했고, 단골을 위한 '비공개 메뉴'와 '주문창 열기 시간'을 SNS로 공지하는 방식으로 팬덤까지 형성했다.

"키친C의 음식은 그냥 시켜먹는 배달음식이 아니라 '경험을 나누는 음식'입니다. 고객들이 제가 SNS에 올린 경험에 공감해서 주문하는 거니까요."

A, B, C 모두 플랫폼을 활용해 자신만의 브랜드, 상품, 콘텐츠, 서비스를 기획·판매하는 주체다. 이렇게 플랫폼에 기대어 생계를 꾸려가지만 단순 노동자와는 구분되는 이들을 '플랫폼 의존 기업가(platform-dependent entrepreneurs, PDE)'라고 부른다.

PDE

PDE는 플랫폼에서 차별화된 서비스를 제공하며, 시간 운영과 고객 전략에서 높은 자율성을 가진다. 중고거래 앱의 지역 기반 판매자, 음식 배달 앱에서 고객 평점을 관리하며 브랜드화하는 배달 라이더 등이 대표적이다. 플랫폼은 PDE가 시장에 접근할 수 있도록 해주는 기술적·사회적 구조이면서, 제약이고 기회다. PDE는 플랫폼의 알고리즘, 규칙, 수수료 체계, 평점 시스템 등과 끊임없이 상호작용하며 자신만의 전략을 구성한다. PDE는 이 구조에 전적으로 종속되지도 않지만 완전히 자율적이지도 않다. 이 중성과 모순 속에서 플랫폼을 통한 생계 전략을 실행한다는 점에서, PDE는 오늘날 디지털 노동과 기업가 정신(entrepreneurship)의 경계에 선 새로운 주체다. 그리고 이들의 플랫폼 기반 활동은 일시적 수입원의 수준을 넘어, 직업적 정체성으로 자리 잡는 경향을 보인다.

PDE는 단순하게 플랫폼에서 돈을 버는 사람을 뜻하지 않는다. 이들은 플랫폼을 바탕으로 지속 가능한 수익을 창출하고, 플랫폼에서 자율적으로 전략을 구성하며, 일정 수준의 기업가적 정체성을 가진다. 즉 PDE는 전통적인 노동자가 아니며, 스타트업 창업자도 아니다. 이들은 플랫폼이라는 새로운 시장 조건에서 탄생한 '중간적' 존재다. 예를 들어 '키친C가 플랫폼으로 월 400만 원을 벌고 있다.'라고 한다면, 이는 생계 유지를 위한 노동 활동이면서 자신만의 방식으로 수익을 창출하는 창업가적 태도를 모두 반영한 것이다.

결국 플랫폼 기반 경제에서 일하는 사람들은, 중의적인 경제활동에 임하며 노동자이면서도 사업가로서 자신의 정체성을 만들어 간다. 예를 들어 플랫폼에서 자신의 경제활동이 어떻게 구조화되는가에 따라 플랫폼 의존 노동자(platform-dependent workers, PDW)가 되기도 하고 PDE가 되기도 하는 것이다. PDW와 PDE는 플랫폼에 의존한다는 점에서 비슷해 보이지만, 노동과 직업, 종속성과 자율성, 기회와 위험에 대한 인식이라는 점에서 뚜렷한 차이를 보인다.

과업인가 사업인가 플랫폼 경제에서 거래 구조와 소유 권한에 따라 PDW와 PDE를 나눠볼 수 있다. PDW는 대개 수요기반(on-demand) 노동에 종사한다. 자동차 공유 플랫폼 기반 드라이버, 배달 라이더, 대리운전 기사 등은 플랫폼으로부터 할당된 작업을 수행하고, 수행한 노동에 따라 수수료를 지급받는다. 이들은 자기 일의 소유권을 갖지 않으며, 일의 조건은 플랫폼의 알고리즘과 규정에 의해 결정된다. PDE는 자신이 수행하는 활동을 단순한 과업 수행이 아니라 비즈니스 구축의 과정으로 인식한다. 즉 플랫폼은 자신의 활동을 확장하기 위한 수단이며 최종 목표는 지속 가능한 수익 창출, 고객 관계 형성, 정체성의 기업가화이다. 이들은 자신이 수행하는 행동의 방향, 표현, 시장화 방식에 대한 통제권을 더 많이 가진다. 예를 들어 배달 앱 플랫폼 배달 라이더는 앱이 지정한 고객의 음식을 배달하지만, 푸드 인플루언서는 자신의 레시피와 식사를 플랫폼을 이용해 구독자에게 판매한다.

종속적인가 자율적인가 플랫폼 규율의 정도에 따라서 두 집단을 나눠볼 수도 있다. PDW는 플랫폼이 제공하는 구조 안에서 일한다. 배정, 평가, 보상, 심지어 노동 중단까지 대부분 플랫폼이 통제한다. PDW는 플랫폼이 정한 단가에 따라 정해진 업무를 수행하기에, 단가가 내려가거나 수요가 줄어드는 등이 변화에 직접 영향을 받는다. PDE는 플랫폼을 매개로 하지만 전적으로 종속되지 않는다. 플랫폼은 PDE에게 유통 채널일 뿐, 브랜드와 수익 모델, 고객 기반은 PDE 스스로 기획한다. PDE는 시간, 전략, 콘텐츠, 브랜드 결정권을 가지고 있어 자신만의 방식으로 수익을 창출한다. 그렇기에 PDE는 자신의 브랜드, 상품, 강의, 광고, 협찬 등 여러 가지 종류의 수익원을 창출할 수 있으며, 이는 어느 정도의 안정성과 장기적 성장 가능성을 제공한다. 그러나 PDE는 불확실성과 리스크까지 스스로 감수해야 한다는 점에서 노동자보다 더 큰 기업가적 리스크를 지닌다.

일인가 일상인가 플랫폼 경제에서의 경제 활동은 전통적인 경제에서의 경제 활동과 구분된다. PDW는 대체로 일상과 단절된 노동을 수행한다. 출근, 작업, 퇴근의 반복은 산업-사회적 시간의 연장이다. PDW는 즉각적인 소득을 얻으려는 목적이 크기 때문에 플랫폼에서 하는 모든 활동이 '일'이다. 그러나 PDE는 자신의 일상을 플랫폼 콘텐츠로 삼는다. 육아, 요리, 정리, 여행, 책읽기 등 자기 삶의 일부가 곧 수익의 기회다. 하루 일상을 브이로그 콘텐츠로 만드는 PDE와, 정해진 시간에 콜을 받아 물건을 배송하는 라이더의 행위는 같은 플랫폼을 활용하더라도 전혀 다른 노동 구조를 형성한다.

노동자인가 사업가인가 플랫폼 경제에서 자신의 역할을 어떻게 인식하는가에 따라서도 PDW와 PDE를 나눠볼 수 있다. PDW는 플랫폼을 통해 개별 과업을 수행하고 그에 대한 보상을 받는 비공식 계약자, 즉 '알바'나 '생계형 노동자'로 스스로를 인식한다. 다만 PDW는 스스로를 노동자로 여기지만 특정 조직에 속한 것은 아니기 때문에 노동자성을 인정받지 못하는 모호한 위치에 있다. 따라서 스스로 노동자성을 의도적으로 감추기도 한다. PDE는 자신의 직업성을 구축하는 데 플랫폼을 활용한다. '크리에이터', '1인 기업가', '인플루언서', '강사' 등 다양한 자칭과 타칭의 자율적 주체로 자신을 구성한다.

PDW가 플랫폼이 설정한 과업을 수행하는 임시 노동자라면, PDE는 자신의 사업을 설계하고 확장하는 기획자다. PDW는 정해진 일을 정해진 방식으로 수행하지만, PDE는 무엇을 할지 스스로 정하고 이를 실현하기 위한 자원으로 플랫폼을 이용한다. 이 차이는 플랫폼에 대한 종속성과 자율성이라는 차이를 넘어, 경제적 행위자성과 전략적 기획 능력의 차이를 보여준다.

다만 PDW와 PDE는 전혀 다른 인물이기보다는 스펙트럼의 연속선상에 놓여 있다. 자동차 공유 플랫폼 기반 드라이버 가운데 어떤 이들은 차량 인테리어를 꾸미고 고정 고객을 관리하며 마치 기업가처럼 행동하지만, SNS 기반 상품 판매자 가운데 어떤 이들은 플랫폼 정책 변경에 따라 노동자처럼 소외되기도 한다. 따라서 PDW와 PDE를 고정된 범주에 넣기보다는, 플랫폼 경제에 참여하는 이들이 놓여 있는 조건과 이들의 사회경제적 위치를 보여주는 분석적 도구로 이해해야 한다. 이는 플랫폼 경제에서 노동과 기업가 정신의 경계가 모호해지는 혼종성(hybridity)을 반영한다. 이 혼종 공간에서 자신을 어떻게 정의하고, 플랫폼에서 펼치는 자신의 활동에 어떤 의미를 부여하는지에 따라 노동자가 되기도 사업자가 되기도 한다.

PDE의 등장

거시적으로 보면 PDE의 등장은 탈산업화와 고용 시스템의 유연화라는 구조적 변화와 맞닿아 있다. 특히 1990년대 이후 선진국을 중심으로 제조업 기반 산업구조가 무너지고 고용 안정성이 약화되면서 전통적인 '정규직-직업-조직' 모델이 흔들리기 시작했다. 직장은 더 이상 삶을 전일적으로 보장해주는 제도가 아니었고, 개별 노동자는 더 많은 리스크를 감수해야 했다. 한국의 경우 1997년 외환위기 이후 노동유연화가 제도적으로 추진되면서, 고용 불안정이라는 리스크가 점점 개인에게 전가되는 경향이 나타났다. 이에 따라 개별 노동자는 생계를 유지하기 위해 점차적으로 자율적 경제활동을 모색하게 되었다. 이 같은 상황은 플랫폼이 등장하기 전부터 프리랜서, 임시직, 프로젝트 계약자 등 주변화된 노동 형태의 확산으로 나타났다. PDE는 이러한 조건에 플랫폼 기술이 결합하면서 나타난 새로운 경제주체다. PDE는 고용과 자영업의 이분법적 구분을 넘어, 플랫폼을 매개로 자신의 기술·시간·공간 자산을 활용해 독자적인 사업을 영위하는 존재로 떠올랐다. 이들은 노동자가 아니라, 플랫폼 생태계를 활용해 경제적 자율성을 확보하려는 전략적 행위자로 이해될 수 있다.

노동시장의 구조변화는 플랫폼의 등장과 함께 좀 더 복잡한 형태가 되어간다. 특히 긱 이코노미(gig economy)는 플랫폼 기반 경제활동의 시작점이었다. 긱 이코노미는 플랫폼 기반 노동의 초기 형태로, 플랫폼이 제공하는 업무를 단기적으로 수행하는 임시직 중심의 고용 형태다. 긱 워커(gig worker) 또는 PDW는 플랫폼이 정해준 과업을 수행하며, 노동 과정과 보수는 알고리즘으로 통제된다. 이들은 배달, 운전, 간단한 청소 서비스 등 단순 반복적 업무를 플랫폼에 의존해 제공하고 이에 따른 수익을 창출하지만, 자신의 노동과 브랜드를 기획하거나 전략적으로 설계하지 않는다. 이러한 점에서 PDW는 전통적 의미의 고용과 프리랜서 사이에 있는 중간적 형태로 존재하게 된다. 즉 PDW는 고용의 외부화라는 시대적 흐름에서 기업이 아닌 플랫폼과 느슨한 형태로 계약을 맺고 노동을 수행하며, 자율성과 통제 사이의 모호한 경계 속에 존재한다.

노동과 사업 사이의 모호한 경계는 플랫폼 경제활동을 노동의 관점에서 접근하기보다는 사업의 관점에서 접근하게 하는 계기가 되었다. 즉 긱 이코노미에서는 플랫폼을 '취직'을 위한 공간이자 '창직'을 위한 공간으로 인식했고, 플랫폼 참여자들은 플랫폼을 '고용'의 방편이자 '기획'의 기회로 활용하기 시작했다. 이러한 추세는 플랫폼이 폭발적으로 성장하고 개인의 시장 진입이 쉬워지는 구조가 만들어지면서 가속화되었다. 플랫폼이 기존 시장에 접근하기 어려웠던 개인에게 판매자, 서비스 제공자, 콘텐츠 제작자 등으로 활동할 수 있게 해주었기 때문이다. 플랫폼은 시간 자산(남는 시간), 공간 자산(남는 방, 자동차), 기술 자산(사진 촬영, 편집 등)을 가진 개인이 그것을 수익화할 수 있도록 시장 진입 인프라를 제공했고, 이를 적극적으로 활용하는 PDE는 플랫폼 인프라를 활용해 시장 진입, 고객 확보, 자기 브랜드 기획과 실행 등을 수행하는 자율적 사업가로 등장하였다. 특히 PDE는 일상적인 행위(요리, 글쓰기, 반려동물과의 생활, 사진 촬영 등)를 경제화가 가능한 활동으로 바꾸고, 이를 플랫폼을 통해 수익화한다. 플랫폼은 이들에게 있어 고용주가 아니라 시장 진입을 위한 유통 채널이나 브랜딩 도구이며 중요한 고객 접점이 된다.

2000년대 이후 자기계발과 개인 브랜딩을 강조하는 문화가 강화되면서, 경제적 자아를 기획하는 행위가 일상의 일부로 자리 잡았다. 이른바 MZ세대를 중심으로 '자기 삶의 주인 되기'와 '좋아하는 일로 돈 벌기'라는 이상이 확대된 것이다. PDE는 이러한 담론을 적극적으로 받아들이고, 자신의 일상을 콘텐츠로 바꾸어 그것을 플랫폼에서 수익화한다. 요리하는 일상을 브이로그로 만들거나, 반려동물과의 시간을 SNS 채널에서 공유하는 등의 방식은 PDE의 핵심 전략이다. 이들은 일상을 기획하고 연출하는 것으로 자신을 브랜드를 만들어가는데, 이는 경제적 수단과 자기실현의 경계를 넘나든다.

이러한 경향성은 기술적 발전, 저비용 진입 장벽과 밀접한 관련이 있다. 스마트폰의 보급, 초고속 인터넷, 사용자 친화적인 편집 도구, 자동화된 결제 시스템, 플랫폼 기반 매칭 알고리즘 등은 복잡한 사업 인프라 없이도 개인이 사업가로 활동할 수 있는 조건을 마련해주었다. 대부분의 플랫폼은 자본이 거의 없는 개인이 자신의 재능, 자산, 시간을 경제화할 수 있는 기회를 제공하였다. 플랫폼은 하나의 '사업 운영 시스템'으로 작동하며, PDE는 이를 통해 기존의 창업보다 훨씬 낮은 진입 비용으로 자신의 비즈니스를 시작할 수 있게 되었다.

일상은 어떻게 직업이 되는가

PDE의 등장은 일상적 활동이 어떻게 플랫폼을 매개로 하나의 직업으로 바뀌는지 보여준다. PDE는 기존 직업적 전문성과는 어느 정도 거리가 있는 일상적 활동들을 플랫폼에서 전략적으로 조직하고, 이것을 경제적 수익으로 바꾸는 과정을 수행한다. 그러나 모든 일상이 PDE로 전환되는 것은 아니다. 플랫폼이 특정한 행위를 경제적으로 해석하고, 디지털 기술로 구조화할 수 있을 때만, 그 행위는 PDE 영역으로 들어갈 수 있다. 다시 말해 일상과 직업의 경계는 개인의 의지뿐 아니라 플랫폼의 기술적·경제적 전략에 따라 선별적으로 조정된다. 그렇다면 어떤 일상이 어떤 조건에서 직업화될 수 있는가?

반복성 PDE는 일상에서 반복되는 루틴을 콘텐츠로 인식하며, 이것이 타인에게 가치가 있을 수 있다고 판단한다. 예를 들어 반려동물과의 산책, 아침 도시락 준비, 책읽기 등의 반복되는 일상은 직업이 될 수 있다. 이러한 반복되는 일상적 행위는 이미지, 영상, 텍스트 등의 콘텐츠로 포착되어 플랫폼에 누적될 수 있다. 그리고 누적된 콘텐츠는 팔로워와 고객을 형성하고, 이후 수익화 가능한 상품이나 서비스로 확장된다. 예를 들어 쿠킹 클래스, 디지털 굿즈, 강의, 전자책, 구독 서비스 등이 대표적이다. 이러한 전환은 PDE가 자신의 행위를 단순한 자기표현이 아닌 시장과 연결하는 기획된 실천으로 인식하고 실행할 때 가능해진다.

재현 가능성 일상이 직업으로 바뀌려면 해당 일상이 재현 가능(replicable)해야 한다. 플랫폼은 알고리즘을 바탕으로 수요자와 공급자를 매칭하거나 평가를 수행하는데, 이는 정형화된 데이터를 전제로 한다. 예를 들어 음식 배달, 차량 운전, 제품 판매와 같은 행위는 수행 시간, 이동 경로, 고객 평가, 판매량 등으로 계량화가 가능하며, 플랫폼은 이 데이터로 작업의 질을 측정하고 순위를 매기며, 궁극적으로 알고리즘 최적화를 수행한다. 반면 창의적 사고, 감정 노동, 관계 형성과 같은 행위는 데이터로 추출하거나 표준화하기 어렵기 때문에 플랫폼화되기 어려운 특성을 지닌다. 따라서 PDE는 자신의 일상이 디지털 기술로 번역 가능한 구조적 특성을 갖출 수 있게끔 한다.

연결성 플랫폼은 양면시장(two-sided market) 구조로 작동한다. 이는 다수의 수요자와 공급자가 상호작용할 때 네트워크 효과가 극대화되는 구조다. 따라서 PDE는 수요자와 공급자가 지리적·사회적으로 흩어져 있고, 이들을 연결하는 중개 기능이 필요한 상황에 적합하다. 예를 들어 이웃 사이의 중고거래, 지역 기반 심부름 대행, 소규모 교육 서비스, 프리랜서 작업 중개 등은 각각 다양한 수요와 공급이 흩어져 있어 플랫폼이 이들을 효과적으로 연결할 수 있다. 반대로 고도로 전문화된 일회성 과업이나 폐쇄적 산업 내 노동은 플랫폼을 통한 중개 가치가 낮아 PDE로의 전환 가능성이 떨어진다. 따라서 PDE는 자신의 콘텐츠를 단순한 정보로 제공하는 것이 아니라 소비자와의 정서적 관계망 속에서 상호작용할 수 있도록 한다. 팬, 팔로워, 고객은 단순한 상품 소비자가 아니라 PDE의 사회적 지지 기반으로 기능하며, PDE는 이들과의 정서적 연대, 소통, 반응을 거쳐 신뢰 기반을 쌓는다.

제도적 공백 플랫폼은 종종 제도적 공백(institutional void)을 기회로 확장된다. 기존의 고용 제도, 복지 체계, 자영업 등록 시스템이 포섭하지 못하는 회색지대에서 플랫폼은 일자리를 창출하고, PDE는 이러한 회색지대에서 생존 전략을 구사한다. 노동시장에 진입하지 못한 청년, 경력 단절 여성, 은퇴자, 이주민 등이 플랫폼에서 주요 노동자가 되며, 이들은 제도권 밖의 취약한 상태에서 플랫폼을 최후의 기회 또는 대체 경로로 받아들인다. 이때 PDE는 제도에 포섭되지 못한 자신만의 시간, 공간, 기술을 수익화하는 주체로 나타난다. 플랫폼은 이들이 제도 밖에서 생존할 수 있는 구조를 기술적으로 뒷받침하지만, 동시에 이들은 노동법, 사회보험, 조세체계 등의 보호로부터 배제되기도 한다.

즐거움 PDE는 단순히 수익을 추구하는 것에 그치지 않고, 정서적 동기(emotional motivation)와 자기표현(self-expression)을 바탕으로 경제활동을 수행한다. 이는 특히 콘텐츠형 PDE에서 두드러지며 자아실현과 수익 창출을 동시에 지향한다. 이러한 행위는 기존 노동 개념과 달리 '좋아하는 것을 하며 돈을 버는' 일상의 직업화를 가능케 한다. 즉 즐거움과 경제성을 동시에 구조화할 수 있을 때, 플랫폼은 해당 일상을 직업으로 포섭한다. 이러한 과정은 자기계발 담론과 맞물리며, PDE는 자기 삶의 의미와 사회적 인정, 경제적 수익을 한꺼번에 추구하는 하이브리드형 주체로 나타난다.

일상이 직업으로 바뀐다는 것은 단순한 수익활동을 넘어, 자기형성과 플랫폼의 상호작용이라는 복합적 메커니즘을 내포하고 있다. PDE의 행위는 개인의 행위지만 플랫폼이라는 환경에 유도된 행위이기도 하다. 그렇다면 플랫폼은 어떻게 개인을 PDE로 만들어, 일상적 행위를 직업화하는가?

플랫폼의 역할은 비전문성에서 비즈니스 기회를 찾는 것으로 시작한다. 전통적인 직업 진입은 자격, 경력, 자본, 인프라 등의 진입장벽을 전제로 했다. 그러나 플랫폼은 이러한 구조적 장벽을 낮추고, 표준화된 절차와 인터페이스로 비전문가도 경제활동에 참여할 수 있는 공식적인 경로를 제공한다. 예를 들어 배달 앱 플랫폼은 운전면허와 스마트폰만 있다면 누구나 정해진 절차를 거쳐 서비스 제공자가 될 수 있도록 한다. SNS 플랫폼은 간단한 편집 기술을 활용한 콘텐츠라고 해도 게시할 수 있게 해준다. 이는 그동안 눈에 띄지 않았던 취미 활동이나 생활 행위가 경제적 행위로 승인되는 통로를 만들어주는 것이며, 개인은 진입 지점에서부터 일상을 경제화할 수 있는 기회를 부여받는다. 개인은 전문 자격이나 인프라 없이도 플랫폼이 설정한 표준화된 절차를 거쳐 경제 활동에 진입할 수 있다.

사실 플랫폼은 단순히 진입장벽을 낮추는 것 이상의 기능을 한다. 알고리즘과 인센티브 구조는 PDE의 몰입을 유도하고, 반복 참여로 경제적 지속성을 강화시킨다. 이 구조는 PDE의 행위가 점진적으로 직업화되도록 장려하는 내재적 동력을 제공한다. 배달 앱 플랫폼은 일정 건수 이상 배달 시 보너스를 지급하거나, 평점이 높은 라이더에게 더 많은 콜을 우선 배정한다. 공유 숙박 플랫폼은 응답률, 후기 점수 등을 바탕으로 '슈퍼호스트' 등 단계별 직책을 부여하여 PDE 사이의 경쟁 구도를 만드는데, 이는 자신이 만든 '일'에 몰입하도록 유도한다. 동영상 공유 플랫폼은 조회수, 구독자수, 시청 시간 등을 기준으로 수익화를 결정하며, 이는 PDE가 성과 관리를 할 수 있게끔 하고 끊임없이 창의적인 콘텐츠를 고민하게 한다. 이러한 내부 순위 구조와 보상 메커니즘은 PDE가 더 많은 시간과 자원을 투입하게 만들고, 단기적인 수입을 마련하는 것을 넘어서는 전략적 기획을 유도한다. 즉 알고리즘 기반의 보상 구조는 PDE가 일상적 활동을 성과 중심 직업 행위로 바꾸게끔 만드는 중요한 유인 장치가 된다.

한편 성과보상을 중심으로 유도되는 동기부여 기반의 반복적 행위는 점진적인 과정을 거쳐 직업으로 귀착된다. 처음에는 부업이나 용돈벌이로 시작했던 플랫폼 활동이, 일정 수준의 수입과 피드백, 고객 응답이 쌓이면서 생계의 중심으로 바뀌는 경향을 보인다. 이 과정에서 PDE는 자신의 시간 배분, 감정노동, 서비스 품질 등을 전략적으로 관리하기 시작하며, 이는 곧 직업적 정체성의 내면화로 이어진다. 즉 여유 시간이나 자신의 유휴 자산을 활용하여 플랫폼에 가볍게 참여하였지만 후기, 팔로워, 수입 등의 (비)재무적 성과가 쌓이면서, 개인은 자신의 행동을 구조화한다. 자신의 행위를 플랫폼의 다양한 기능을 활용하여 반복 가능하고 지속 가능한 형태로 바꾸고, 이를 통해서 좀 더 효율적인 보상체계를 구축하는 것이다.

이러한 과정에서 플랫폼은 단순한 유통망이 아니라, 개인이 스스로의 활동을 구성하고 조정하는 디지털 제도환경으로 기능한다. 개인은 알고리즘, 평점 시스템, 후기 데이터, 대시보드 등의 도구로 자신의 성과를 진단하고, 전략을 수립하며, 다음 행위를 설계한다. 그리하여 동기부여-성과창출-보상-동기부여라는 순환적 관계를 만들어낸다. 이러한 순환적 관계가 고착화되면서 개인은 자신의 이러한 행위를 직업의 행위로 인식하고, 이에 따라 자신의 직업 정체성을 PDE로 재정의한다. 이때 플랫폼의 데이터 기반 자기 피드백 구조는 조직화된 기업의 관리 시스템 없이도 PDE가 자기 경영을 가능하게 만든다. 플랫폼은 개별 PDE에게 비공식적 경영 인프라를 제공하며, PDE는 이를 활용해 스스로를 통제하고 성장시키는 자기조직화된 조직자가 된다. 그리고 PDE는 고용된 노동자도, 완전히 독립된 창업자도 아닌, 디지털 제도 구조 안에서 자율성과 제약을 동시에 조율하는 혼합형 주체가 된다.

궁극적으로 PDE는 단순 수익 창출 목적을 넘어서, 자신의 활동을 경제적·사회적 정체성으로 재구성하게 된다. '나는 브이로거', '나는 반려동물 케어 전문가', '나는 공간 큐레이터'와 같은 자기 인식은, 직업의 공식성과 무관하게 플랫폼 기반의 자율 행위를 직업적 삶으로 승인하는 사회적 실천으로 볼 수 있다. 그리고 이러한 변화는 전통적인 직업 개념, 즉 고용계약을 바탕으로 한 지속적 소속이라는 정의 자체를 재편하며, 새로운 유형의 직업 형태를 제공한다.

PDE가 바꾸는 사회

PDE는 단순히 새로운 직업 유형의 출현을 뜻하는 것이 아니다. 이는 전문직(professions)이 차지하던 기능, 권위, 시장을 재조직하거나 해체하는 과정과 맞물린다. 전문직이란 특정한 자격, 윤리규범, 조직화된 커뮤니티, 사회적 인정을 갖춘 직업을 뜻한다. 그러나 PDE는 전문가 자격증 없이도 특정 분야에서 영향력을 획득하고, 플랫폼에서 시장 접근성을 확보하며, 자기 브랜드로 신뢰를 쌓아, 기존 전문직이 독점하던 직역을 대체하거나 변형시킨다. 따라서 PDE는 기존에 있던 전문직과 비전문직의 경계를 우회해서 재조직되며, 비전문직의 전문화 또는 탈전문직화(de-professionalization)라는 새로운 흐름을 만들어낸다.

전통적인 전문직은 오랫동안 제도적 자산을 기반으로 정당성을 확보해왔다. 학위, 자격증, 경력과 같은 공인된 이력은 그 자체로 특정 분야에서의 전문성과 신뢰를 보장해주었다. 이러한 자격(certification) 기반 체계는 근대 이후 직업 분화 과정에서 주요한 기준이 되어왔다. 예를 들어 의료, 법률, 교육, 엔지니어링 등 주요 직역의 자격증 제도는 노동시장 진입의 문턱이자 권위의 근원이었다.

그러나 플랫폼 경제가 확산되면서, 이러한 전문성의 근거는 점차 다른 방식으로 대체되고 있다. PDE는 제도적 자격 없이도 일상적인 반복 행위와 플랫폼 내 평판 시스템으로 비슷한 수준의 신뢰를 쌓을 수 있다. 개인의 실력이 자격을 대체하는, 새로운 신뢰 메커니즘이 등장한 것이다. PDE는 자신의 역량을 지속적으로 수행하면서, 자신의 행적을 플랫폼에 공개한다. 그리고 이렇게 쌓은 결과물로 자신의 역량을 보여준다. PDE의 전문성은 자격증이나 명함으로 증명되는 것이 아니라, 매일 올리는 콘텐츠, 누적된 후기, 반복되는 상호작용이라는 데이터 흐름 속에서 드러난다. 정식 트레이너 자격증이 없음에도 불구하고 SNS 인플루언서 출신 피트니스 PDE는, 자기 몸의 변화와 운동 루틴을 SNS에 매일 기록

하며 수만 명의 팔로워를 얻는다. 이들은 여러 플랫폼에서 다양한 콘텐츠, 운동 기록, 구체적인 식단을 지속적으로 공유함으로써 자기관리 능력과 훈련 역량을 증명한다.

여기서 중요한 것은 '해당 능력이 인증되었는가?'가 아니라 '보이고 있는가?'이다. 평판 기반 신뢰는 플랫폼의 알고리즘과 평가 체계로 강화된다. 후기 점수, 좋아요, 댓글, 조회수 등의 수치는 PDE의 능력과 가치를 추산하는 지표로 사용되며, 이는 소비자(또는 팔로워)의 신뢰를 끌어내는 핵심 도구가 된다. 기존 전문직의 폐쇄적 입증 구조가, 열린 실시간 검증 구조로 바뀌는 것이다. 이제 개인에 대한 신뢰와 직업에 대한 권위는, 개인이 스스로 구성한 정체성과 실천적 증거를 기반으로 새롭게 형성된다.

PDE는 이 새로운 검증 구조 형성의 중심에 있다. 이들은 특정한 제도적 인증을 요구받지 않는 대신, 자신이 매일 무엇을 하는지, 어떻게 살아가는지를 디지털화된 서사로 보여주어 신뢰를 얻는다. 플랫폼은 이 과정을 더욱 가시화하고 표준화하는 도구가 되며, PDE가 스스로를 전문가처럼 보이게 하는 장치를 제공한다. 이러한 변화는 단지 직업의 형태가 달라졌다는 의미를 넘어서, 전문성에 대한 사회적 정의 자체가 바뀌고 있다는 것을 뜻한다. 자격 기반의 폐쇄적 권위가 무너지고 참여와 반복, 상호작용을 거쳐 실시간으로 형성되는 개방형 신뢰체계가 등장하고 있는 것이다.

이러한 개방형 신뢰체계는 새로운 직업 지형을 만들었다. PDE는 전통적인 전문직의 윤리규범이나 제도적 틀을 따르지 않으면서도, 자신만의 브랜드 윤리, 팔로워에 대한 책임, 시장 내 입지로 대안적 전문직 자격을 얻는다. 즉 PDE는 새로운 사회적 타당성을 획득하는 것이다. 예를 들어 청소 콘텐츠를 지속적으로 업로드하던 이가, 기업 청소 컨설팅까지 확장하며 '정식 청소 전문가'로 미디어에 등장하기도 한다.

플랫폼은 PDE에게 기존 전문직에 요구되는 인증 체계 없이도 시장에 진입할 수 있는 구조를 제공한다. 자격증이 요구되던 트레이닝, 심리상담, 인테리어 디자인 등의 영역에서도, PDE는 플랫폼에 자신의 일상적 실천을 기록하고 공유함으로써 실력과 신뢰를 쌓을 수 있다. 알고리즘 기반의 추천, 사용자 리뷰, 콘텐츠 피드백 시스템이 공식 자격은 아니지만, 사용자 다수가 경험한 결과를 지표화함으로써 실질적인 자격 심사 기능이 수행되는 것이다. 이러한 구조는 PDE가 소비자와의 상호작용으로 전문성을 직접 증명할 수 있는 장을 열어주며, 결과적으로 기존 전문직 제도의 위계는 약화된다. 예를 들어 정식 심리상담 자격이 없는 콘텐츠 제작자가 자신의 우울증 극복 경험을 바탕으로 SNS에 자기 계발 콘텐츠를 연재한 후, 수십만 계정의 팔로워를 확보하고 멘탈코칭 클래스를 운영하는 경우가 있다. 이 과정에서 그는 제도적 자격 없이도 실질적인 상담자로 인정받는다.

결국 플랫폼은 PDE에게 기존 전문직과는 다른 경로의 정당성 경로를 제공한다. 플랫폼은 사용자 평점, 팔로워 수, 후기 등 비공식적 지표를 기반으로 전문성의 정당성을 구축할 수 있는 새로운 환경을 제공하며, 이로 인해 전통적인 전문직의 경계는 점점 모호해지고, 새로운 유형의 비공식적 전문성이 등장하는 것이다.

그리고 이는 전통 전문직과 PDE 사이의 신뢰, 권위, 평가 기준을 둘러싼 정당성 경쟁을 불러일으킨다. PDE는 활동의 성격상 전통적 직업 분류에 포섭되기 어렵다. 콘텐츠 제작자, 디지털 크리에이터, 디지털 호스트 등은 교육자, 예술가, 판매자, 상담가 등의 전통 전문직과 유사한 기능을 수행하지만 기존의 제도적 기준에는 부합하지 않는다.

그러나 PDE의 확산이 곧 전문직의 종말을 뜻하지는 않는다. 오히려 PDE의 등장으로 전문직의 권위, 구조, 인증 방식이 유연화되고, 분권화되며, 시장 중심화되고 있다. 기존 전문직이 폐기되는 것이 아니라 변화하는 환경에 적응하거나, 기존 전문직 종사자들이 PDE 방식을 내재화하며 새로운 정체성을 형성할 수 있다. 기존 심리상담사는 더 이상 오프라인 상담실에만 머무르지 않고, SNS로 심리 상담 관련 콘텐츠를 제작·배포해 팔로워를 확보하고 그 기반 위에 신규 고객을 유치하면서 PDE로 변모할 수 있다. 이처럼 전문직 종사자가 플랫폼을 새로운 접점으로 삼아 기존 직업의 사회적 위상을 유지하면서도 PDE의 역동성을 일부 흡수해 자신만의 하이브리드 정체성을 구축할 수 있다면 전문직의 위상은 오히려 강화될 수 있다. 이러한 흐름은 전문성에 대한 접근을 좀 더 개방적, 수평적으로 만든다. 자격과 경험이라는 전통적 기준 대신 보여주는 역량과 사회적 반응이 새로운 정당성의 기반이 되는 것이다.

일상으로의 침범
PDE의 미래

PDE는 플랫폼을 도구로 활용해 일상적 행위를 수익 가능한 사업으로 바꿔낸 경제주체이면서, 전통적 경제구조가 플랫폼 경제구조로 바뀌고 있음을 보여주는 상징 주체이다. PDE는 단순한 과도기적 현상이 아니라, 디지털 전환 사회에서 지속적이고 확장 가능한 경제 행위자 유형이다. 이들이 노동시장의 비공식적 주변부에서 출발했지만, 디지털 기술과 플랫폼 인프라의 발전에 따라 점차 제도적, 경제적 중심부로 옮겨오고 있다. 일상의 침범자인 PDE는 전통적인 직업의 틀을 재구성하면서, 노동의 정의 자체를 바꾸는 주체가 되어가고 있다.

앞으로 PDE는 어떻게 될까? 우선 인공지능(AI)과 데이터 분석 기술의 결합으로 PDE는 자신의 콘텐츠나 서비스를 고도로 개인화된 형태로 제공할 것이다. 피트니스 코치 PDE는 사용자 건강 데이터에 따라 맞춤형 루틴을 실시간으로 제안할 수 있고, 교육 콘텐츠 PDE는 학습자의 성향과 이해도를 분석해 커리큘럼을 조정할 수 있다. 즉 개별 소비자 맞춤 서비스가 가능해진다. 이는 고객 충성도를 높이고, PDE의 수익 안정성에도 기여할 수 있다. 둘째, 고립된 개별 PDE가 아닌, 다수의 PDE가 프로젝트 단위로 협업하거나 느슨한 연합체를 형성하는 방식으로 진화할 것이다. 유튜버, 디자이너, 마케터 PDE들이 모여 특정 브랜드 프로젝트를 함께 운영하거나, 동네 생활 서비스 PDE들이 지역 플랫폼을 공동 운영하는 방식이다. 이는 플랫폼 내부에서 자율적으로 조직이 형성되는 새로운 노동 형태를 예고한다. 셋째, 플랫폼 수수료, 알고리즘 통제, 규칙 변경의 불안정성에 대한 저항으로, 일부 PDE는 플랫폼 외부로 이동하려는 경향을 보일 것이다. 독자적인 웹사이트를 개설하거나, 커뮤니티 기반 앱을 개발해 구독 수익 모델을 구축하는 방식이다. 이는 플랫폼 종속성을 탈피한 독립 PDE의 등장이라는 점에서 중요한 변화가 될 수 있다. 마지막으로 PDE가 경제의 실질적 행위자로 성장함에 따라, 정부와 제도권도 이에 대한 법적·정책적 포섭을 시도할 것이다. 일부 국가는 PDE를 과세 대상이나 사회보험 적용 대상으로 포함시키고 있으며, 이는 PDE를 '공식 직업'으로 제도화하려는 흐름이다. 그러나 제도에 편입되지 못한 PDE는 사각지대에 남겨질 것이며, 제도권 포섭 여부에 따른 양극화가 심화될 수 있다.

    PDE는 기존 직업을 대체하는 것이 아니라, 노동과 경제활동의 의미 자체를 재구성하는 중심적 행위이다. 이들은 기술의 보편화, 규범의 유연화, 제도의 확장성, 개인화된 삶의 양식 변화 등 다양한 조건을 반영하며 등장한다. PDE는 전통적 직업이 요구하던 자격이나 경력을 대체할 수 있는 사용자 리뷰, 알고리즘 추천, SNS 기반 평판 등과 같은 새로운 신뢰 메커니즘으로 시장 안에서 신뢰를 쌓아가며 직업적 정체성과 자아정체성의 경계를 허문다. 또한 이들은 플랫폼 경제에서 일과 삶, 공식과 비공식, 경제와 문화라는 이분법적 구분을 넘어서서, 자기 삶의 일부였던 행위를 수익 활동으로 바꿔내고 이를 지속 가능한 커리어로 발전시키는 능동적 주체로 진화할 것이다.

chapter 3　　　　　　　　　　　홍현우 · 충남대학교 경제학과

보이지 않는 항해 비용
– 플랫폼 수수료

　　플랫폼(platform)은 승강장, 강단, 무대처럼 이용자들이 편리하게 이용할 수 있도록, 일부러 평평하게 만들어둔 무언가를 뜻한다. 최근에는 '특정 장치나 시스템의 기반이 되는 틀이나 골격'이라는 뜻으로도 사용된다. 우리는 수많은 플랫폼을 알게 모르게 쓰고 있다. 클릭이나 터치 한 번으로 생필품을 원하는 시간에 원하는 장소에서 받고, 전화 한 통 없이 교통편과 숙소를 예약하며, 수백 개의 음식점 메뉴를 비교하여 음식을 주문할 수 있는 것은 모두 플랫폼 덕분이다. 그리고 이는 생각하지 못했던 편의를 누릴 수 있게 해주는 바, 편의의 증가는 산업의 확장으로 이어진다. 과학기술정보통신부에 따르면 SNS, 콘텐츠, 운송, 숙박, 전자상거래 등 온라인에서 제공되는 부가통신 서비스, 즉 플랫폼 경제의 매출은 2024년 기준으로 436조 1,000억 원에 이르는데 전년 대비

32.8% 늘어난 숫자다. 여기에 더해 인공지능(AI) 기술의 발전으로 플랫폼 시장은 더욱 빠르게 커질 것으로 전망된다.

플랫폼은 수요자와 공급자가 자신들이 얻으려는 가치를 공정한 방식으로 교환할 수 있게 만들어진 환경이다. 그러나 플랫폼은 거래할 수 있는 가상의 공간을 제공하는 것에 그치지 않는다. 플랫폼 이용자들은 플랫폼을 통해 거래 상대방에 대한 평판을 획득하고, 거래를 위한 검색비용을 절감한다. 나아가 플랫폼이 제공하는 알고리즘에 기반한 추천 시스템으로 좀 더 효율적으로 자신이 원하는 거래 상대방을 찾는다.

유용한 존재가 된 플랫폼이지만, 플랫폼으로 인해 생겨나는 경제적 가치와 비용을 어떻게 나눠야 하는가에 대한 사회적 합의를 위한 논의는 부족하다. 이는 플랫폼에 대한 우려의 목소리와도 연결된다. 플랫폼 기업이 시장지배력을 확보한 다음, 수익 극대화를 위해 수수료를 지나치게 올리거나 불공정한 거래 조건을 부과하여 플랫폼 이용자를 착취할 수 있으며, 이에 대한 정부의 적극적인 개입이 필요하다는 목소리도 나온다. 그러나 플랫폼이 공공 인프라처럼 기능하는 측면이 있음에도, 실제로는 민간기업이 운영한다는 점에서 정부의 적극적인 개입은 플랫폼의 혁신을 저해할 수 있다는 주장도 존재한다. 이와 같은 서로 다른 주장에 대해서 우리는 어떻게 바라보고 접근해야 할까?

이에 플랫폼 시장의 원리를 경제학적 관점에서 살펴보고, 플랫폼 이용자에게 부과되는 수수료 문제를 플랫폼이 창출하는 사회적 가치와 사회후생의 관점에서 살펴보는 것으로 이와 같은 논의가 구체적으로 활성화되기를 바란다.

경제이론적 접근

양면시장

플랫폼 시장은 양면시장(two-sided market)의 구조를 가진다. 양면시장을 이해하려면 단면시장(one-sided market)부터 알아야 한다. 단면시장에서 소비자와 판매자는 직접 상호작용한다. 예를 들어 전통적인 소매상과 소비자는 단면시장을 형성하는데, 소매상은 소비자만을 대상으로 상품의 가격을 정하고 판매한다.

한편 양면시장은 두 개의 상호의존적인 사용자 집단이 플랫폼을 거쳐 연결된다. 플랫폼은 단일 상품을 판매하기보다는 '중개자(intermediary)' 역할을 수행한다. 예를 들어 신용카드 회사는 가맹점들과 사용자들, 배달 앱은 식당들과 고객들, 스마트폰 앱스토어는 개발자들과 사용자들, 공유 숙박 플랫폼은 여행자들과 숙박업자들을 연결하는 대표적인 양면시장이다.

양면시장에서 플랫폼으로 연결되는 두 집단 사이에는 '교차 네트워크 효과'가 발생한다. 네트워크 효과가 발생하면 사용자가 많아질수록 해당 제품이나 서비스를 이용하는 사용자의 효용이 증가한다. 예를 들어 메신저 서비스라면 사용자가 많을수록 사용자의 효용이 증가한다. 교차 네트워크 효과는 네트워크 효과와는 차이가 있는데, 한쪽 집단의 규모가 커졌을 때 다른 쪽 집단의 만족감 또는 효용이 늘어난다. 예를 들어 배달 앱 플랫폼의 경우 한쪽에 음식점이 많이 입점할수록 다른 한쪽에서 소비자들이 선택할 수 있는 폭이 늘어나므로 만족감이 커진다. 반대로 배달 앱 플랫폼을 이용하는 소비자가 많을수록 음식점은 자신의 음식이 선택될 가능성이 늘어나고 매출액과 이윤이 증가한다.

플랫폼은 교차 네트워크 효과를 내부화하여 가격 구조를 설계하고 시장을 활성화한다. 가격 구조를 설계하는 과정에서 플랫폼은 교차 네트워크 효과를 따져보고 양쪽 집단에 서로 다른 가격을 부과할 수 있다. 예를 들어 한쪽 집단에는 무료 또는 보조금을 지급하면서 서비스를 제공하고, 다른 쪽 집단에는 높은 수수료를 부과해 수익을 창출할 수 있다. 신용카드 회사의 경우 소비자에게는 연회비를 면제하거나 저렴하게 부과하는 대신 가맹점에서 결제 수수료를 받아 수익을 얻을 수 있다.

한편 플랫폼이 단순히 거래를 매개하는 역할만 하는 것은 아니다. 플랫폼은 소비자와 생산자를 좀 더 효율적으로 연결하기 위해, 즉 매칭 효율성을 높이기 위해 알고리즘, 평판 시스템, 보증제도 등에 다양하게 투자한다. 이는 양면시장에서 거래 위험을 줄이고 사용자 경험을 개선하도록 돕는다. 플랫폼의 이런 노력은 기존 시장에서 해결하지 못했던 정보비대칭 해소, 검색비용 절감 등으로 시장 참여자들의 잉여를 높일 수 있다.

플랫폼과 사회후생

아래에서는 플랫폼과 사회후생 사이의 관계를 경제학적으로 분석해본다. 플랫폼 도입 전의 사회후생, 플랫폼 도입 후의 사회후생, 플랫폼에서 판매자에게 수수료를 부과했을 때의 사회후생이 어떻게 달라지는지 〈그림 3_1〉과 〈그림 3_2〉로 살펴보자.

사회후생(social welfare, SW) 소비자와 생산자를 포함하여 모든 경제 주체의 잉여를 합한 값이다.

소비자잉여(consumer surplus, CS) 소비자가 어떤 재화 또는 서비스를 구매할 때 지불할 용의가 있는 최대금액과 실제로 지불한 금액(시장가격) 사이의 차이다.

소비자의 수요곡선 소비자가 어떤 재화에 대해 지불할 의사가 있는 최대금액을 나타내는 곡선이다. 재화의 한 단위에 대해 소비자가 느끼는 한계효용(marginal utility)을 가격 단위로 표현한 것이며, 소비자의 가치 평가(value)를 반영하는 곡선이다.

판매자의 공급곡선 판매자가 특정 수량의 재화를 시장에 공급하기 위해 요구되는 최소한의 금액을 나타내는 곡선이다. 공급곡선은 일반적으로 한계비용곡선(marginal cost curve)과 일치하며, 공급자가 한 단위를 추가로 생산하고 판매할 때 발생하는 비용이다.

생산자잉여(producer surplus, PS) 생산자가 어떤 재화 또는 서비스를 판매할 때 받을 용의가 있는 최소금액과 실제로 받은 금액(시장가격) 사이의 차이다.

그림 3_1 플랫폼 도입 이전과 이후의 사회후생

플랫폼 도입 이전의 사회후생

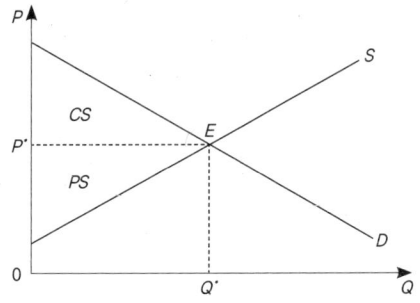

Q^* = 거래량, P^* = 판매가격, 수요곡선 = D, 공급곡선 = S

플랫폼 도입 이후의 사회후생

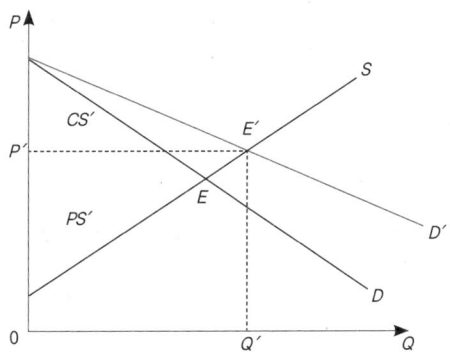

플랫폼 도입으로 소비자와 공급자 간 효율적 매칭

수요 증가
↓
수요곡선이 D에서 D'로 이동
↓

↓
새로운 균형(E')에서 새 소비자잉여(CS')와 새 생산자잉여(PS') 결정
↓
플랫폼 도입 이전보다 사회후생 증가

∴ 플랫폼 도입으로 늘어난 소비자잉여와 생산자잉여 =
   플랫폼이 창출한 사회적 가치

* 단 플랫폼의 사회적 가치 창출이 곧바로 사회후생 증가를 뜻하지는 않음.
* 플랫폼의 사회적 가치 창출 과정에서 소요되는 비용, 즉 플랫폼 운영비용(C)을 고려해야 사회후생의 증감 여부 판단 가능.

플랫폼 도입 이전의 사회후생
$SW = CS + PS$

플랫폼 도입 이후의 사회후생
$SW' = CS' + PS' - C$

플랫폼 도입으로 사회후생이 증가하려면
$SW' - SW = (CS' + PS' - CS - PS) - C > 0$

$CS' + PS' - CS - PS$이 플랫폼이 창출한 사회적 가치이고
플랫폼이 창출한 사회적 가치가 비용보다 큰 경우에 한해서 사회후생 개선

* 수요 증가는 수요곡선의 상방 이동, 기울기 완만화, 기울기가 완만해지면서 상방 이동하는 등의 방식으로 나타남. 기울기가 완만해지는 것으로 가정하였으나, 다른 경우를 가정하더라도 주요 내용은 변하지 않음.
* 수요자와 공급자가 효율적으로 매칭되면 공급량도 많아질 수 있으므로 공급곡선이 아래로 이동하거나 좀 더 완만한 형태로 변할 수 있음. 공급곡선의 변화가 없는 것으로 가정하였으나, 공급곡선이 변하더라도 주요 내용은 변하지 않음.
* 수요가 충분히 증가하지 않는 경우, 즉 수요곡선 기울기가 충분이 완만해지지 못하는 경우라면 플랫폼 도입 이전과 비교해 소비자잉여는 줄어들 수 있음. 그러나 생산자잉여는 반드시 증가하고 생산자잉여의 증가분이 소비자잉여의 감소분보다 크기 때문에 사회후생 증가.

그림 3_2 플랫폼 수수료 부과 이후의 사회후생

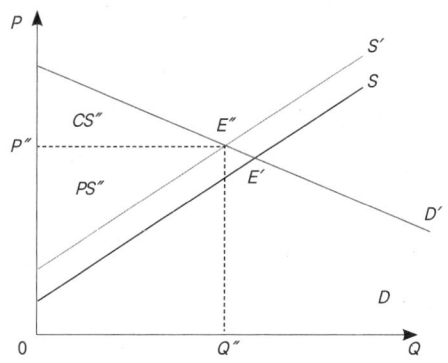

플랫폼이 생산자에게 거래되는 상품 수량에 비례해 수수료를 부과

공급곡선이 상품 10개에서 1,000원의 가격을 통과하고 있다면,
판매자는 10번째 제품을 팔기 위해 최소한 1,000원을 받아야 함

판매자에게 거래 당 수수료 200원 부과
상품 10개 × 1,000원에 판매 = 10,000원
거래 10건 × 거래 당 수수료 200원 = 2,000원
10,000원 - 2,000원 = 8,000원(판매자의 최종 수입)

판매자는 수수료가 부과되기 이전의
수입 10,000원을 유지하려고 상품가격 인상

상품 10개 × (인상된 가격인) 1,200원에 판매 = 12,000원
거래 10건 × 거래 당 수수료 200원 = 2,000원
12,000원 - 2,000원 = 10,000원(판매자의 최종 수입)

∴ 수수료가 부과되면 판매자는 상품 가격을 올려서 최종 수입 유지

공급곡선 이동(S→S′)
↓
균형에서의 가격을 올리고 거래량 줄임
↓
플랫폼 수수료 부과 이전과 비교하여 소비자잉여는 CS'', 생산자잉여는 PS''로 모두 감소
↓
플랫폼 기업의 이윤(플랫폼 수수료 수입)이 사회후생에 포함되지만, 소비자잉여와 생산자잉여의 감소분의 합보다 작으므로 사회후생 감소

* 플랫폼 운영비용은 플랫폼 수수료 이외에도 광고 판매 등으로 보전할 수 있으나 여기서는 다루지 않으며, 플랫폼 수수료를 부과해 운영비용을 보전하는 경우만 분석.
* 정부가 물품세를 생산자에 부과하는 경우와 소비자에게 부과하는 경우, 실질적인 균형의 차이는 존재하지 않음. 물품세를 부과받은 경제 주체는 조세를 부과받지 않은 경제 주체에게 조세 부담을 전가시키기 때문이며, 조세의 실질적 귀착은 법적인 의미의 조세 부담자가 누구인지와 무관하게 결정. 플랫폼 수수료도 조세와 동일한 방식으로 분석할 수 있으므로 플랫폼 수수료가 어떤 경제 주체에게 부과되었는지는 중요하지 않음. 따라서 플랫폼 이용 소비자와 판매자 모두에게 수수료를 부과할 수 있으나, 편의를 위해 판매자에게만 수수료가 부과된다고 가정.
* 수수료 부과 시에도 플랫폼 이용자 수가 변하지 않음을 가정. 따라서 플랫폼 수수료가 플랫폼 이용자 수를 감소시키고 교차 네트워크 효과가 감소한다면, 생산자와 수요자의 효율적 매칭이 저해되고 사회후생은 더 크게 감소.

살펴본 바에 따르면 플랫폼 수수료를 최소화하고 교차 네트워크 효과를 강화해서, 플랫폼 거래 규모를 늘리고 사회후생을 높여야 한다는 주장을 이해할 수 있다. 사회후생을 극대화시키고자 한다면, 플랫폼의 수수료를 플랫폼을 통한 거래의 한계비용보다 낮게 정하고 정부가 플랫폼 기업의 손해를 보전해줘야 한다는 주장[1]도 같은 맥락에서 이해될 수 있다.

한편 양면시장의 특성상 플랫폼 기업들 대부분이 독과점적 지위를 가지고 있으므로 언제든지 이윤극대화를 위해 플랫폼 수수료를 높게 책정할 수 있고, 이를 사전적으로 규제해야 한다는 주장도 가능하다.

플랫폼 수수료를 적극 규제해야 한다는 의견이 타당해 보이지만 플랫폼 운영 기업도 영리기업이라는 점에 주목해야 한다. 플랫폼 기업은 기술 혁신과 이를 바탕으로 이윤을 창출하려고 플랫폼을 운영하는 것이다. 따라서 플랫폼 기업은 일정 수준 이상의 이윤을 획득할 수 있는 경우에만 지속적으로 플랫폼을 운영할 유인을 갖는다. 현실적으로 플랫폼 수수료가 플랫폼 운영비용을 보전하는 수준에서 결정된다면 플랫폼 기업이 플랫폼을 운영할 유인은 없다. 그런데 플랫폼이 없어지면 소비자와 생산자 사이의 매칭 효율성이 떨어지고 소비자잉여와 생산자잉여가 모두 줄어들기 때문에, 플랫폼 수수료는 플랫폼의 운영비용을 보전함은 물론이고 일정 수준 이상의 이윤을 보장하는 수준에서 결정될 필요가 있다.

플랫폼 수수료가 플랫폼으로 창출된 플랫폼 이용자들의 잉여를 플랫폼 기업으로 이전시키고, 플랫폼 기업이 플랫폼 이용자들보다 경제적으로 우월한 지위에 있다는 점에서 플랫폼 수수료는 부의 역진적 재분배 수단으로 작용할 수 있다. 그럼에도 플랫폼 이용으로 소비자와 판매자가 누리게 된 잉여의 증가분, 즉 '플랫폼이 창출한 사회적 가치를 플랫폼 기업과 나누어 가진다.'는 관점에서 플랫폼 수수료에 접근하면 플랫폼 수수료는 플랫폼 기업에게 정당한 몫이 돌아가도록 만들어주는 하나의 수단이며, 플랫폼 시장이 지속 가능하기 위한 필수불가결한 요소라고 할 수 있다.

그리고 사회적으로 용인 가능한 플랫폼 수수료의 상한선은 플랫폼이 부과하는 수수료가 지나치면 플랫폼 기업이 없을 때보다 사회후생이 낮아질 수 있으므로, 플랫폼이 도입되기 이전보다 더 높은 사회후생을 달성하는 수준이 될 것이다. 물론 플랫폼 수수료를 통한 초과 이윤이 플랫폼의 기술적 혁신에 지속적으로 투자되는 경우에 한하여 플랫폼 수수료의 사회적 타당성도 인정될 수 있을 것이다.

따라서 플랫폼 시장이 지속적으로 혁신될 수 있는 수준의 수수료를 찾는 것이 중요하다. 이를 위해 플랫폼 수수료가 플랫폼 시장에 가져오는 긍정적 효과와 부정적 효과를 정확하게 인식하고 비교하는 것이 필요하다. 또한 플랫폼 수수료는 플랫폼 시장 구성원들 사이의 잉여 이전을 가져오므로 부의 재분배라는 분배적 관점도 반드시 고려되어야 한다.

플랫폼 수수료 규제 사례

먼저 배달 플랫폼 수수료 사례를 살펴보자.[2] 도어대쉬(DoorDash), 우버이츠(Uber Eats)와 같은 미국 주요 배달 플랫폼들은 음식점에 최대 30%의 수수료를 부과해왔다. 대형 체인 음식점들과 달리 영세 음식점들은 플랫폼을 상대로 수수료 협상을 하는 것이 현실적으로 불가능하다. 따라서 높은 수수료를 지불할 수밖에 없었고, 이로 인해 영세 음식점들의 이윤이 하락하고 심한 경우 폐업하는 문제가 발생했다. 이러한 문제를 해결하려고 2020년 미국 샌프란시스코에서 처음으로 배달 플랫폼이 영세 음식점들에게 부과하는 수수료가 15%를 초과할 수 없도록 하는 수수료 상한제(commission fee cap)가 시행되었다. 같은 해에 시애틀, 워싱턴, 로스엔젤레스, 뉴욕 등 13개의 지역에서도 수수료 상한제를 도입했다. 수수료 상한제는 모든 음식점을 대상으로 시행된 것은 아니며, 영세 음식점에 한해서 적용되었다.

수수료 상한제의 도입이 영세 음식점의 배달 가격을 낮춰 영세 음식점의 매출을 늘리고, 대형 체인 음식점의 매출을 줄일 것으로 기대되었다. 그러나 기대와는 달리 수수료 상한제가 도입된 이후, 영세 음식점 주문이 줄었고 매출에서 수수료를 제외한 순매출도 줄어들었다. 반면 수수료 상한제가 적용되지 않은 대형 체인 음식점은 주문과 순매출이 모두 늘었다. 수수료 상한제가 의도와는 달리 정반대의 결과를 가져온 것은, 플랫폼이 수수료 상한제에 전략적 대응을 했기 때문이다. 수수료 상한제는 플랫폼 수익 상실로 이어지므로, 플랫폼은 소비자들에게 영세 음식점을 추천하는 대신 대형 체인 음식점이나 수수료 상한제가 적용되지 않는 다른 음식점을 추천해서 배달 수요를 임의적으로 재분배했다. 그리고 소비자에게 더 높은 배달비를 부과해 낮아진 플랫폼 수수료를 보전했다. 이러한 전략적 대응으로 플랫폼은 자체 수익률 감소 폭을 크게 줄였다. 이 사례는 플랫폼의 특정 이용자를 보호하려는 정책 시행이 항상 해당 집단에 바람직한 결과를 가져오는 것은 아님을 보여준다. 시장에서 정책을 시행하고자 한다면, 시장 참여자들이 해당 정책에 어떠한 방식으로 대응하는지에 대한 고민이 앞서야 한다.

다만 플랫폼 시장에서 수수료를 차별적으로 부과하는 것이 사회후생에 부정적으로 작용한다고 단정해서는 안 된다. 실제로 많은 플랫폼들은 판매자의 특성(업종, 매출 규모 등)에 따라 차별적 수수료를 부과하는 것으로 알려져 있다. 전통적인 경제학 이론에 따르면 독점기업이 집단을 구분한 후 서로 다른 가격을 부과하는 경우[3] 독점기업의 총생산량이 늘어나지 않는 한 소비자잉여가 줄어들고 결과적으로 사회후생도 줄어든다. 그러나 양면시장에서는 교차 네트워크 효과로 인하여 단면시장과는 다른 결과가 나타날 수 있다. 예를 들어 플랫폼이 판매자 특성에 따라 수수료를 차등적으로 부과하는 경우와 동일한 수수료를 부과하는 경우를 비교하여 전자의 경우 사회후생이 더 높을 수 있음을 이론적으로 입증한 사례가 있다.[4] 플랫폼 기업의 가격차별이 소비자와 판매자 모두의 참여를 유도하는 방향으로 이뤄지면, 플랫폼 시장의 규모가 커지면서 교차 네트워크 효과로 인해 전체 사회후생이 늘어난다. 특히 높은 수수료를 부담하는 판매자도 소비자의 규모가 늘어나면 이윤이 높아질 수 있으며, 이 경우에는 플랫폼 수수료의 차등적 부과가 모든 참여자의 후생을 개선시키는 파레토 개선을 가능케 한다.

다음으로 가격 동등성 조항(price parity clause, PPC)이 있는 경우의 플랫폼 수수료 규제를 살펴보자.[5] PPC는 플랫폼에 입점한 판매자가 자체 웹사이트 또는 다른 유통채널에서 플랫폼에서 제시한 가격보다 더 낮은 가격을 제시하지 못하도록 금지하는 계약 조항이다. PPC는 소비자가 상품을 선택하기 전에 플랫폼에서 쉽게 정보를 획득하고 실제로 제품 구매는 플랫폼 외부에서 하는 것을 방지하기 위한 것이다. 플랫폼이 쇼룸(showroom)으로 전락하는 것을 막는다는 점에서 필요성이 인정된다. 그러나 PPC는 경쟁을 제한하여 소비자가 더 낮은 가격으로 물건을 구매할 수 있는 기회를 줄이고, 플랫폼의 독점적 지위를 강화하며, 플랫폼의 투자 유인을 떨어뜨릴 수 있다는 문제도 있다. 실제로 2021년 온라인 쇼핑몰인 아마존은 입점 업체들이 다른 쇼핑몰에서 더 싼 값에 물건을 판매하지 못하게 했는데, 이를 이유로 반독점법 위반으로 피소되었다. 다만 모든 나라에서 PPC가 원칙적으로 금지되고 있는 것은 아니며 플랫폼의 규모, PPC의 강제성, 경쟁 제한 효과 등에 따라 PPC가 일부 허용될 수도 있다.

PPC가 허용된 시장에서 플랫폼 수수료 규제가 이뤄지는 경우를 살펴보자. 시장에 두 개의 플랫폼 A와 B가 있다면, 소비자는 더 낮은 가격으로 물건을 판매하는 플랫폼을 고른다. 그런데 정부가 A 플랫폼의 독점적 지위 때문에 플랫폼 A에만 수수료 상한을 도입했다고 가정하자. A의 수수료는 낮아지는데, B와 체결한 PPC 때문에 입점 업체들은 A에서의 가격을 낮출 수 없고 소비자 가격은 변하지 않는다. 만약 PPC가 없다면, 수수료 상한이 도입된 A 플랫폼에서 수수료가 낮아지면서 상품 가격도 내릴 것이다. 소비자는 A로 몰리고 교차 네트워크 외부효과로 인해서 플랫폼에 입점하려는 업체들은 A 플랫폼으로 몰린다. B는 이를 막으려고 수수료를 내리거나 입점 업체들과의 계약 조건을 고칠 것이다. 그리고 플랫폼 사이의 경쟁이 유도되어 소비자는 더 싼 가격으로 상품을 구매하고 업체들은 더 나은 조건으로 상품을 공급할 것이다.

이처럼 플랫폼 수수료 규제는 시장 상황과 여건에 따라서 서로 다른 정책 효과를 가져올 수 있다. 따라서 플랫폼 수수료 규제를 논의하려면 플랫폼 시장의 상황을 꼼꼼히 검토하는 것에서 시작해야 한다.

지속 가능성을 지키기 위한 기준을 어디에 그을 것인가

플랫폼은 단순히 거래를 중개하지 않는다. 시장에서 생기는 정보비대칭을 줄이고 거래의 효율성을 높여준다. 플랫폼의 이러한 역할은 소비자와 판매자 모두의 잉여를 늘리는 방향으로 작용하며, 결과적으로 사회후생을 증대시킬 수 있다. 플랫폼으로 인해 늘어난 사회후생은 플랫폼이 비용을 지출하여 창출한 사회적 가치에 해당하므로, 플랫폼은 시장에서 비용을 보전받아야 한다. 즉 플랫폼 수수료는 단순히 플랫폼 기업의 이윤 창출 수단이 아닌, 플랫폼의 지속 가능성을 보장하고 기술 혁신을 가능하게 하는 비용 보전 수단으로서 필수 요소다. 과도한 수수료가 사회후생을 저해할 수 있지만, 수수료가 지나치게 낮아도 플랫폼 자체에 위험 요소가 될 것이다. 그리고 이는 시장 참여자 모두의 잉여를 줄이는 결과를 초래한다.

플랫폼 수수료를 둘러싼 논의는 '수수료는 얼마가 적정한가?'라는 문제라기보다는 플랫폼이 창출한 사회적 가치를 '어떻게 사회적으로 분배할 것인가?'에 대한 합의 문제로 접근해야 한다. 사회적으로 허용 가능한 수수료 수준은 플랫폼이 창출한 가치보다 지나치게 많지 않으면서도, 플랫폼의 지속 가능성과 플랫폼 기업의 혁신 유인을 보장하는 수준이어야 한다. 이 기준선을 찾으려면 플랫폼 수수료가 사회후생에 미치는 긍정적 효과와 부정적 효과를 함께 따져보고, 필요한 경우 정책적 개입과 규제의 정당성을 함께 고민해야 한다.

요컨대 수수료에 대한 규제는 플랫폼 시장 참여자 사이에 비용을 누구에게 넘길 것인가 하는 문제가 아니며, 플랫폼이 창출하는 사회적 가치의 인식과 배분에 관한 논의로 확장되어야 한다. 플랫폼의 사회적 가치를 정당하게 평가하고, 이를 공유할 수 있는 사회적 메커니즘 구축이 앞으로 플랫폼 경제의 지속 가능성을 담보하는 열쇠가 될 것이다.

주

1 Bolt, W., & Tieman, A. F., 'Social welfare and cost recovery in two-sided markets', *Review of Network Economics*, 5(1), 2006.
2 Li, Z., & Wang, G., 'Regulating powerful platforms: Evidence from commission fee caps', *Information Systems Research*, 36(1), 2025, pp. 126-140.
3 가격차별의 정도 내지는 방식에 따라서 1급 가격차별, 2급 가격차별, 3급 가격차별로 구분되며 본 글에서는 다루는 가격 차별은 3급 가격차별이다.
4 De Cornière, A., Mantovani, A., & Shekhar, S., 'Third-degree price discrimination in two-sided markets', *Management Science*, 71(4), 2025, pp. 3340-3356.
5 Gomes, R., & Mantovani, A., 'Regulating platform fees under price parity', *Journal of the European Economic Association*, 23(1), 2025, pp. 190-235.

chapter 4   권재한 · 한국인터넷기업협회 디지털경제연구원

탐험을 도울 것인가 막을 것인가
— 한국의 플랫폼 규제

규제의 시작

한국에서 플랫폼 산업에 대한 본격적인 규제 논의는 2019~2020년에 시작되었다. 배달 앱, 이커머스, 숙박 중개 등 플랫폼의 시장 지배력이 커지는 동시에 불공정 거래 이슈가 제기되었기 때문이다. '플랫폼이 너무 많은 수수료를 가져간다.'는 현장의 목소리가 규제 요구로 이어졌는데, 당시에는 플랫폼을 판매자와 구매자를 연결하는 단순 중개업체로 보면서 '거래비용 조정'이라는 직관적인 접근이 주를 이뤘다. 그러나 시간이 지나면서 플랫폼은 단순 중개자를 넘어, 데이터와 네트워크 효과를 활용해 시장의 구조 자체를 형성·강화하는 능동적 행위자로 자리 잡았다. 이러한 변화는 기존 규제가 가진 한계를 드러냈고, 플랫폼에 대한 인식의

전환을 요구하게 되었다. 현재 플랫폼 규제 논의는 플랫폼을 '거래를 중개하는 통로'가 아니라 '시장구조를 만들고 운영하는 핵심 행위자'로 다시 정의하는 데서 출발한다. 플랫폼을 어떻게 바라봐야 할까?

먼저 플랫폼을 혁신의 동력으로 보는 시각이 있다. 플랫폼은 소비자에게 편의를 제공하고, 소상공인에게는 새로운 판로를 열어주며, 경제 전체적으로 효율성을 높여준다는 관점이다. 이 관점에 따르면 지나친 플랫폼 규제는 혁신을 저해하고 경쟁력을 약화시킬 수 있다. 한편 플랫폼이 시장 지배력을 남용한다는 관점도 있다. 플랫폼이 독점적 지위를 이용해 지나치게 높은 수수료를 가져가면서 소상공인들을 착취하고, 소비자 선택권까지 제한한다는 것이다. 이 관점에 따르면 플랫폼에 대한 강력한 규제로 공정한 경쟁 환경을 만들어야 한다.

2024년 22대 국회는 시작과 동시에 플랫폼 산업을 대상으로 한 각종 규제 법안을 쏟아냈다. 「온라인플랫폼법(안)」(이하 「온플법(안)」)을 비롯해 「전자상거래법」, 「정보통신망법」, 「전기통신사업법」, 「개인정보보호법」, 「공정거래법」 등에서 플랫폼 산업 규제안이 여럿 발의되었다. 그리고 '티몬·위메프 사태'가 플랫폼 산업 규제에 불을 지폈다. 2024년 7월, 위메프와 티몬에 입점한 업체 수천 곳이 정산 대금을 제때 받지 못하는 피해가 발생했고 여론이 큰 반응을 보였다. 이를 계기로 전자지급결제대행(PG)사 운영규제 및 정산 주기 단축을 법제화하려는 논의에 속도가 붙었다. 이런 흐름 가운데 「온플법(안)」이 핵심이 되었다. 이 법안은 플랫폼을 단순한 거래 중개자가 아니라, 시장 구조에서 핵심 행위자로 정의하고 이에 따라 규율한다.

법안의 홍수

「온라인플랫폼법(안)」

22대 국회 출범 후 1년 동안 발의된 플랫폼 관련 법안 가운데 「온플법(안)」이라는 이름으로 발의된 법안은 2025년 11월 기준으로 17건이다. 이는 21대 국회에서 4년 동안 발의된 약 20건과 비슷한 수치다. 한국인터넷기업협회가 검토가 필요하다고 판단해 직접 분석한 법안만도 2025년에만 200건을 넘어섰다. 이렇게 특정 분야를 규제하는 법안이 집중적으로 제개정되는 것은 보기 드문 현상이다.

「온플법(안)」은 온라인 플랫폼과 이용 사업자 사이의 거래관계를 공정화하고, 시장지배적 플랫폼 사업자의 독점적 지위 남용을 방지하기 위한 법이다. 이 법은 단순한 규제법이라기보다는 '플랫폼을 어떻게 볼 것인가'에 대한 규제 당국의 철학을 담고 있는 법이다.

첫째, '독점 규제'다. 「온플법(안)」은 시장에서 지배적 지위를 가진 초대형 플랫폼을 대상으로 하며 자사우대 금지, 끼워팔기 제한, 멀티호밍 방해 금지 등 경쟁 제한 행위를 미리 차단하는 내용이 담겨 있다. 연매출 3조 원 이상의 플랫폼 기업이 규제 대상이며, 이들을 '시장지배적 사업자'로 지정할 수 있는 근거가 된다. 「온플법(안)」은 미국식 반독점 규제 모델과 비슷한 성격을 지니고 있지만, 미국과의 통상 마찰 우려가 커지면서 규제 당국의 추진 동력이 다소 약화되었다.

둘째, '거래공정화'다. 「온플법(안)」은 플랫폼에 입점한 중소 사업자의 권익 보호에 초점을 맞춘다. 플랫폼과 이용 사업자 사이의 거래구조를 좀 더 투명하고 공정하게 만드는 것이 목표이며, 구체적으로는 수수료율 공시 및 상한제, 정산 주기 단축, 이용 사업자 단체 구성권 및 단체교섭권 보장 등이 주요 내용으로 포함되어 있다. 현재 규제 당국은 미국과의 갈등을 최소화하기 위해, 독점규제 법안보다 거래공정화 법안을 우선적으로 처리하려는 분위기다.

배달 앱 수수료 코로나19 이후 비대면 소비가 급증하면서 배달 앱 시장이 빠르게 성장했는데, 이와 함께 수수료 구조에 대한 논란도 커졌다. 음식점 업주들 사이에서는 '매출의 30~40% 가까이를 수수료로 내야 한다.'는 불만이 터져 나왔고, 국회와 시민단체는 이를 두고 '플랫폼 갑질'의 대표 사례로 지목했다. 이런 사회적 압력으로 2023년부터 플랫폼 기업, 입점업체, 정부가 함께 참여한 '상생협의체'가 구성되었으며, 수수료 체계를 매출 구간별로 2.0~7.8%로 차등화하는 방안이 마련되었다. 이는 기존 9.8% 단일 수수료 체계보다 완화된 것이지만, 여전히 규제 당국은 수수료 상한제를 법적으로 규제할 수 있다는 가능성을 열어두고 있다. 2025년부터는 1만 원 이하 소액 주문에 대해서는 중개수수료를 전액

면제하는 등 추가 보완책도 시행되고 있다. 그러나 현실에서는 공공 배달 앱조차 20%대 수수료를 유지하고 있어, 상한제의 실효성과 정책 타당성을 둘러싼 논쟁은 계속되고 있다. 최근에는 배달 플랫폼을 직접 규율하는 별도 법안까지 발의되고 있다. 특히 「배달 플랫폼 거래 공정화에 관한 법률(안)」은 중개수수료의 기준과 공개 의무 등을 법률로 명문화하려는 시도로, 사실상 수수료 체계를 제도권 규제의 범위 안으로 끌어들이려는 움직임으로 평가된다.

정산 주기 단축 정산 주기 문제는 그동안 제기되었던 플랫폼의 자금 운용 구조에 대한 구조적 불신이 '티몬·위메프 사태'로 현실화되면서 불거졌다. 당시 티몬과 위메프는 입점 업체에 대한 판매 대금을 제때 정산해서 지급하지 못했다. 피해 판매업체는 약 5만여 곳, 미정산 또는 정산 지연된 금액은 약 1조 3,000억 원 수준이었다. 티몬·위메프 사태 이후 정산 시스템의 구조적 문제가 공론화되었고, 이를 계기로 정부와 국회는 관련 법·제도 정비를 추진하기 시작했다. 1년여 만에 내놓은 해법은 정산 주기를 20일로 법제화하고, 전자지급결제대행(PG)사의 일반 운용자금과 섞이지 않도록 하고, 이를 외부 신탁 계좌 또는 별도로 분리된 예치 계좌에 100% 보관하게 해 플랫폼이나 전자지급결제대행(PG)사가 선순위 자금으로 유동성에 끼어들거나 다른 목적으로 전용하는 것을 막는 구조였다. 이는 특정 플랫폼 기업으로 인한 문제를 해결하는 차원을 넘어, 플랫폼 금융 구조에 정부 차원의 개입이 시작되는 신호로 받아들여졌다.

미국의 압력과 플랫폼 국가주의

그런데 예상치 못한 변수가 등장했다. 미국 정부의 압력이었다. 2024년 하반기부터 미국 정부는 한국의 플랫폼 규제를 '자국 기업에 대한 차별'이라며 문제 삼기 시작했다. 특히 「온플법(안)」 내 '독점 규제'의 사전지정제는 사실상 미국 빅테크만을 겨냥한 것이라고 주장했다.

2025년 7월 한국의 통상 협상단이 미국을 방문했을 때, 미국 공화당 의원 43명은 「온플법(안)」은 강화된 규제 요건으로 미국 디지털 기업들을 과도하게 겨냥한다.'면서 '바이트댄스, 알리바바 등 중국 기업은 제외돼 중국 공산당의 이익을 진전시킬 것'이라는 내용의 서한을 미국 정부에 보냈다. 미국은 한국 이외에도 캐나다, 유럽연합(EU) 등이 시행하는 디지털 규제에도 보복을 예고하고 있다. 결국 캐나다 정부는 '디지털 서비스세' 도입 계획을 철회했다. 그리고 미국의 압력에 한국 정부와 국회는 전략을 수정했다. 「온플법(안)」 내용 가운데 '독점 규제'보다는 '공정거래화'를 먼저 추진하기로 한 것이다. 그리고 2025년 11월, 한·미 양국이 팩트시트(Fact Sheet, 공동설명서)에 합의, "온라인 플랫폼 규제에서 미국 기업이 차별받거나 불필요한 장벽에 직면하지 않도록 보장한다."는 내용이 포함되었다.

이렇듯 미국은 플랫폼 국가주의적인 관점에서 접근하기 시작했다. 플랫폼 국가주의는 국가가 자국 플랫폼 기업의 성장과 지배력을 전략 산업 수준에서 적극적으로 지원·보호하는 정책 기조를 뜻한다. 예를 들어 중국은 BAT(바이두·알리바바·텐센트)를 중심으로 데이터 국유화, 대규모 보조금 지급 등의 정책을 도입해 중국 내수 시장을 바탕으로 글로벌 경쟁력을 키웠다. 미국도 클라우드, AI 인프라에 대한 막대한 공공 조달과 방산 분야 파트너십으로 빅테크의 기술 우위를 유지시키고 있다. EU는 가이아X(GAIA-X) 등으로 역내 데이터 주권 확보, 스타트업 생태계 육성 등을 모색하며, 인도는 '디지털 인디아' 정책으로 결제망 UPI·전자신원 시스템을 공공재로 개방해 자국 플랫폼 확산을 촉진하고 있다. 각국 정부가 법·재정·규제 완화 수단을 가지고 플랫폼을 국가 전략 자산으로 관리하는 바, 글로벌 디지털 패권 경쟁은 점점 국가 주도형 양상으로 심화되고 있다. 이렇게 전 세계적으로 플랫폼을 육성하는 방향으로 가고 있지만, 한국은 여전히 즉각적 규제 중심의 반응을 되풀이 하고 있다.

플랫폼 규제의 역풍

직관적 규제의 함정

이슈 중심 규제라는 패턴 티몬·위메프 사태가 터진 후 쏟아져 나온 관련 법안들을 보면, 규제 당국의 반응은 매우 빠르다. 기존에는 '플랫폼이 시장을 독점한다.', '수수료가 너무 높다.'처럼 추상적인 수준에서 주로 논의가 진행되었다면, 티몬·위메프 사태로 인해 '돈을 떼이는 소상공인'이라는 직관적이고 감정적인 이슈가 논의의 중심에 올라갔다.

그림 4_1 이슈 중심 규제

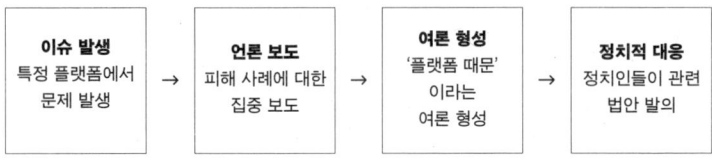

이처럼 티몬·위메프 사태로 드러난 국내 플랫폼 규제의 가장 큰 특징은 '이슈 중심의 규제'라는 점이다.〈그림 4_1〉'문제가 생기면 법으로 해결한다.'는 단순한 논리 전개로 이런 접근법에는 뚜렷한 한계가 있다.

예상치 못한 결과 단순하고 직관적인 논리는 매력적이다. 규제 당국에서 수수료 상한제를 도입할 때의 논리 또한 매우 직관적이고 단순한 매력(?)을 갖고 있었다.〈그림 4_2〉 그러나 논리적으로 완벽해 보였을지 모르지만, 현장은 이렇게 단순하지 않다. 배달 앱 수수료 상한제의 실제 효과를 분석한 결과는 〈그림 4_3〉과 같다.[1] 정책 의도와는 정반대의 결과가 나왔고, 소상공인을 도우려 했던 규제가 오히려 대형 프랜차이즈 음식점에 유리했던 것이다.

플랫폼은 생태계다. 한 부분을 건드리면 예상치 못한 곳에서 반응이 나타난다. 배달 앱 수수료를 낮추면 플랫폼은 다른 방식으로 수익을 메우려 할 것이며, 서비스 품질이나 마케팅 투자가 줄어들 수도 있다. 피해는 소비자에게 돌아갈 것이며, 이는 예상하지 못했던 결과다.

그림 4_2 배달 앱 수수료 규제 논리

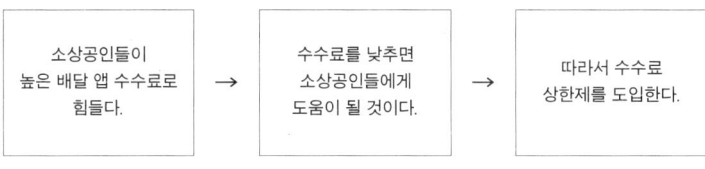

그림 4_3 배달 앱 수수료 규제에 대한 분석

규제의 결과
프랜차이즈 음식점: 규제하는 도시에서 비규제 도시 대비 배달 수요 3.6% 증가
개인 음식점: 규제하는 도시에서 프랜차이즈 음식점 대비 수요 6.8% 감소
→ 프랜차이즈 음식점이 유리해졌고, 개인 음식점은 상대적으로 타격

결과에 대한 분석
1단계: 플랫폼의 추천 전략 변화
- 수수료 상한제 시행 후, 플랫폼들은 줄어든 수익을 메우려고 개인 음식점보다 프랜차이즈 음식점을 소비자에게 적극적으로 추천
- 한편 프랜차이즈 음식점의 수수료율이 더 높았고, 플랫폼은 대형 프랜차이즈 음식점 본사에 광고 슬롯을 판매해 광고 수입 확보
- 프랜차이즈 음식점 메뉴·가격·재고·배송 프로세스가 표준화되어 있어 취소·환불·CS(고객지원) 비용이 적었으며, 예측 가능성이라는 장점도 있었음

2단계: 소비자에게 부담 전가
- 플랫폼은 수수료 수익 손실을 메우려고 규제가 이루어지는 도시 지역의 소비자들에게 더 많은 배달료 부과

3단계: 노출 정도 차이에 따른 수요 재분배
- 개인 음식점은 플랫폼에서 노출이 줄어들어 소비자 인지도와 수요 감소
- 프랜차이즈 음식점은 플랫폼에서 노출이 늘어 수요 증가

정산 주기 단축 티몬·위메프 사태에서 중요하게 나왔던 해법은 정산 주기 단축이었다. 플랫폼 입점 사업자에게 정산해주는 기간을 7일, 심지어 3일까지로 줄이자는 목소리가 나오기 시작했다. 그러나 정산 주기를 줄였을 때의 부작용, 예를 들어 중소 플랫폼의 경영 부담이 늘어나는 등의 검토는 함께 이루어지지 않았다. 중소 플랫폼의 경우 정산 주기가 짧아지면 현금 유동성이 줄어들 수 있다. 이는 프로모션이나 이벤트를 열었을 때, 대금 정산 이후 반품이나 환불에 대해서 안정적으로 대응하던 경영 방식에 영향을 줄 수 있다. 그리고 플랫폼 사용을 줄어들게 만들어 자금 사정이 더 나빠지는 악순환에 빠질 수 있게 한다. 또한 플랫폼은 단기 차입 비용을 늘리고, 서비스 안정성과 비상 대응 여력이 더 나빠질 수도 있다. 생태계는 더 복잡할 수 있다. 예를 들어 새로 시장에 들어오려는 플랫폼 업체에도 영향을 미칠 수 있기 때문이다. 초기 운영자금이 넉넉하지 않은 신규 플랫폼 업체는 시장에 진입하기 어려워질 것이다. 그리고 결국에는 플랫폼의 전반적인 수수료 인상으로 이어질 가능성도 높다.

직관적 규제가 가진 핵심 문제는 원인에 대한 고려가 부족하다는 점이다. 티몬·위메프 사태의 원인은 짧은 정산 주기가 아니라 해당 기업들의 부실한 재무 구조와 경영 방식이었다.

포퓰리즘적 규제
플랫폼 규제는 포퓰리즘에서 자유롭지 못하다. 규제 당국이 플랫폼 이슈를 '나쁜 소수의 플랫폼 vs 착한 다수의 소상공인'이라는 단순하고 선명한 프레임에 넣어 매력적인 정치적 아이템으로 활용할 수 있기 때문이다. 이는 복잡한 설명 없이 직관적으로 어필할 수 있으며, 언론의 주목을 끌기도 쉽다. 규제의 정당성에 대한 정교한 논리보다는, 가해자와 피해자를 설정하는 방식이 정치적 이득을 얻기에 더 효과적이다.

대형 마트 의무휴업 2012년 4월부터 시행된 '대형 마트 의무휴업'은 대형 마트와 기업형 슈퍼마켓(SSM)이 월 2회 의무적으로 쉬게 하는 규제다. 제도의 목적은 전통시장과 골목상권 보호였는데, '대형 마트가 쉬면 전통시장이 살아난다.'는 단순하고 직관적인 논리 구조였다. '골목상권을 지키고, 전통시장을 살리자!'는 구호는, 대형 마트 의무휴업 제도에 '서민을 위한 정의로운 선택'과 같은 '정치적 가치를 담으려는 정책'이라는 프레임을 입힌 것이었다.

그러나 시장과 현장은 생태계다. 소비자의 구매 행태, 유통 구조의 변화, 온라인 쇼핑의 확산 등 여러 요인이 얽혀 있지만 정책 설계 단계에서 이러한 요소들이 충분히 검토되었는지는 확실치 않다. 정치적 이득이 있었을지 모르지만, 실제 효과는 일시적이었기 때문이다. 대형 마트가 쉬는 날에 전통시장 이용이 약간 늘어나기는 했지만, 전통시장의 경쟁력이 늘어났다는 증거는 아직 뚜렷하지 않다. 반면 의도하지 않았던 부작용이 생겼다. 소비자의 선택권이 줄어들었고, 주말에 장을 보던 소비자들의 소비 패턴도 흔들렸다. 또한 대형 마트의 영업일수가 줄어들면서 대형 마트 파트타이머 고용이 줄어들기도 했다. 무엇보다 오프라인 유통 채널에 대한 제약은, 대형 마트 사업자들이 유통 산업의 변화에 대비할 자원을 확보하지 못한 채 온라인 쇼핑의 확산이라는 변화에 노출되는 결과로 이어졌다.

문제를 단순하게 설정하고 빠르게 규제하는 방식은 정책 효과를 왜곡시킬 수 있다. 또한 중장기적으로는 시장 구조를 비효율적으로 만들 수도 있다. 플랫폼 규제는 포퓰리즘적 규제를 하기에 좋은 조건을 갖추고 있어 정책 목표와는 전혀 다른 결과가 비롯될 수 있다. '정치적 인기를 얻기에 좋은 구호'라는 유혹에 빠지지 않고, 복잡한 시장 구조를 이해하고 지속 가능한 대안을 설계하는 정책 역량이 필요하다.

외국 모델의 맹목적 수용

외국 주요국의 플랫폼 규제 또한 공정성과 경쟁 촉진이라는 목표 아래 추진되었지만, 현장에서는 예상치 못한 부작용이 광범위하게 나타났다. 2023년 5월부터 EU는 「디지털 시장법(Digital Markets Act., DMA)」을 시행했다. 주요 내용은 게이트 키퍼 플랫폼에 대해 자사 우대 금지, 데이터 결합 금지, 앱마켓 개방 등을 포함한 강력한 사전 규제였다. 그러나 이러한 규제가 플랫폼의 효율성을 떨어뜨려 전체 서비스 산업의 매출이 최대 0.64%, 금액으로는 1,140억 유로까지 줄어들 수 있다는 연구 결과가 나왔다.[2] 개인화 기능 제한, 고객 도달 범위 축소, 거래 비용 증가, 통합 기능 상실 등의 변화는 중소 플랫폼의 광고 효율화와 고객 유입 능력을 약화시키며 수익성을 악화시킨다는 것이다. 실제로 DMA 시행 이후 플랫폼 운영에서 소비자 불편이 늘어난 것으로 나타났다. 애플 iOS에서는 제3자 앱마켓 허용으로 인해 유해 앱이나 악성코드의 유입 가능성이 높아졌고, 콘텐츠 조정 의무가 면제된 앱마켓으로 혐오 콘텐츠와 스팸 앱이 확산될 수 있다는 우려가 커졌다.[3] 또한 통합 검색 기능이 제한된 구글 서비스의 경우, 사용자는 더 많은 클릭과 페이지 이동을 거쳐야 하는데, 이는 사용자 경험을 악화시키는 요소로 작용하고 있다.

2021년 2월 중국도 「플랫폼 경제 반독점 지침」을 발표하며 자사 우대, 알고리즘 남용, 입점 배제 등을 규제했다. 그러자 기업형 벤처캐피털(CVC) 투자 위축, 스타트업 신규 진입 감소 등 플랫폼 산업계의 역동성이 줄어든 것으로 나타났다.[4] 월평균 투자 증가율이 규제 이전 대비 -1.1%로 낮아졌으며, 이는 새로운 창업 활동에도 부정적인 영향을 미친 것으로 분석된다.

한국의 「온플법(안)」은 EU의 DMA에서 그대로 가져온 듯한 조항이 많다. 예를 들어 '시장지배적 사업자 사전 지정제'나 '자사 우대 금지' 조항은 EU의 규제 맥락도 고려하지 않은 채 도입이 추진되었다. 이러한 무비판적 수용은 외국의 규제 실수를 그대로 되풀이할 위험이 크다. 전체적으로 플랫폼에 대한 규제가 의도하지 않았던 소비자 편익 감소, 중소기업 경쟁력 저하, 보안 취약성 확대, 비효율성 증가로 이어질 수 있다. 전 세계 여러 국가들이 플랫폼을 국가 전략 자산으로 여기고 규제보다는 육성 중심으로 정책 기조를 바꾸고 있는 데에는, 이러한 영향도 작용했을 것이다.

플랫폼 생태계 이해하기

플랫폼에 대한 규제는, 플랫폼 생태계의 작동 원리를 이해하는 것에서 시작해야 한다. 플랫폼을 단순히 '수수료를 떼어가는 중개업자'로 여기며, 심지어 기생적 존재로 보기도 한다. 그러나 플랫폼이 소상공인들에게 제공하는 가치는 단순 중개를 넘어선다. 기술 인프라, 마케팅 채널, 고객 접근성 등 소상공인들이 독립적으로 갖추기 어려운 여러 기능을 통합해 제공하며, 소상공인들의 생존과 성장에 결정적인 기반을 마련해준다.

첫째, 플랫폼이 제공하는 고도화된 자동화 시스템은 주문 접수부터 결제까지 전 과정을 원스톱으로 처리할 수 있게 해준다. 이는 소상공인들이 자원을 들여 처리하던 업무를 대행해주기에, 인건비와 운영 시간을 크게 줄일 수 있다. 게다가 24시간 자동 주문 수신도 가능해지면서 더 많은 매출 기회를 확보할 수 있다.

둘째, 노출 기반 판매 구조는 전통적인 오프라인 시장과는 전혀 다른 기회를 제공한다. 플랫폼이 대규모 트래픽을 바탕으로 소비자와의 접점을 만들어주면, 소상공인들은 마케팅 비용 지출을 줄이면서 신규 고객을 유치할 수 있다. 플랫폼이 제공하는 검색, 추천, 리뷰 시스템 등을 바탕으로 한 노출 여부가 소상공인들의 온라인 매출과 직결되는 바, 플랫폼이 이러한 메커니즘을 설계하고 운영해 소상공인이 온라인 시장에서 생존할 수 있도록 돕는다.

셋째, 결제 및 배송 인프라는 플랫폼이 제공하는 핵심 기능이다. 개별 업체가 직접 구현하기에는 비용이 많이 들고 기술적 장벽이 높은 결제 시스템, 물류 네트워크, 고객 데이터 분석 등이 플랫폼에서 통합 제공된다. 고객의 구매·클릭·재구매 데이터를 기반으로 한 분석 리포트 또한 제공되는데, 이는 소상공인들이 사업 전략을 세우고 상품을 개선하는 데 유의미한 의사결정 도구가 될 수 있다.

플랫폼은 단순히 거래를 중개하는 기능을 넘어 디지털 비즈니스 생태계로 작동한다. 플랫폼은 기술, 마케팅, 물류, 데이터 등 여러 핵심 기능을 융합해서 제공하며, 이는 소상공인의 경제활동 전반을 지원하는 인프라가 될 수 있다. 플랫폼이 소상공인의 파트너로 기능하는 것이다. 따라서 플랫폼 규제를 설계할 때는 플랫폼이 제공하는 복합적 가치와 기능을 제대로 이해해야 한다. 복합적인 구조를 단순 수수료율 논의로 환원해버리는 접근은 전체 플랫폼 생태계를 위태롭게 할 수 있다.

혁신과 공정의 균형점

플랫폼을 규제했더니 중소 플랫폼이 가장 먼저 그리고 가장 크게 타격을 받는다는 점은 역설적이다. 규제는 시장에서 큰 힘을 가진 행위자를 견제하는 수단이지만, 중소 플랫폼이 감당하기 어려운 규제 준수 비용이라는 벽이 되기도 한다.

규제가 도입되면 기업은 규제를 지키기 위해 자원을 투입해야 한다. 복잡한 법령과 지침에 대한 해석과 대응, 규제 요건에 맞는 시스템 개발, 기존 플랫폼 구조에 대한 전면 수정 등이 필요하기 때문이다. 규제 위반을 막는 모니터링 체계, 각종 행정 보고서와 실적 자료의 지속적인 제출 또한 부담이 된다.

이미 법무 및 정책 대응 인력을 갖추고 있는 대형 플랫폼은 이런 부담을 흡수할 수 있지만, 자원에 제약이 있는 중소 플랫폼이나 스타트업에는 해당되지 않는다. 새 규제로 인해 2024년 하반기부터 중소 플랫폼들이 사업을 접거나 대기업에 매각되는 사례가 실제로 나타나고 있다. 규제가 플랫폼 시장의 독과점 문제를 풀지 못하고, 오히려 독과점 구조를 강화하고 있는 셈이다.

M&A 시장이 위축되는 것도 주목해야 할 부작용이다. 문제의 핵심은 시장 잠식형 M&A와 혁신 확산형 M&A를 구분하지 않은 채 일괄적으로 규제하는 데 있다. 대형 플랫폼의 경쟁자를 배제하기 위한 인수는 견제되어야 하지만, 혁신 스타트업의 성장 자금과 시장 진입 통로를 확보하기 위한 전략적 인수합병까지 막는 것은 오히려 생태계의 선순환을 훼손할 수 있다.

대형 플랫폼이 유망한 스타트업을 인수하면서 기술 혁신과 서비스 고도화가 이뤄지는 것은 디지털 생태계의 자연스러운 순환 구조다. 그러나 인수합병을 제한하거나 사전 심사 요건을 강화하는 규제가 늘어나면서, 이러한 혁신의 흐름이 막히고 있다. 혁신 스타트업은 스케일업의 기회를 잃고, 대형 플랫폼은 외부 기술을 수혈할 창구를 잃는 셈이다.

이 모든 결과는 소비자를 향한다. 스타트업의 혁신이 위축되면 새로운 서비스의 등장이 줄어들고, 플랫폼 사이의 경쟁이 약화되면 가격·품질·편의성 등 여러 측면에서 선택권 또한 줄어든다.

여기에 더해 중소 플랫폼이 규제를 견디지 못하고 시장에서 퇴장하면, 남은 대형 플랫폼이 더 큰 시장 지배력을 가지게 되는 바, 이는 다시 규제 강화의 명분이 되며 악순환을 반복한다.

규제란 무엇인가

지금까지는 '규제를 통한 문제 해결'에 초점을 맞춰왔다. 플랫폼에서 문제가 터지면, 법과 제도로 해결하려는 반응이 자동적으로 나왔다. '규제가 곧 해법'이라는 것이다. 예를 들어 배달 앱 수수료 논란이 커지면 '수수료 규제', 앱스토어 독점 논란이 커지면 '인앱 결제 제한', 검색 결과에 대한 불신이 제기되면 곧바로 '알고리즘 공개'와 같은 규제가 논의된다. 티몬·위메프 사태처럼 정산 지연 문제가 발생하면 '정산 주기 단축'와 같은 입법 움직임 빨라지는 것도 마찬가지다.

이처럼 규제는 사회적 불만과 여론의 압력에 즉각 반응하는 '빠른 해법'으로 여겨지곤 한다. 법으로 금지하거나 제한하면 상황이 나아질 것이라는 기대다. 논리적이고 자연스러워 보이지만 여기에는 함정이 숨어 있다. 규제를 '수단'이 아닌 '목적'처럼 다루는 경향이다.

규제는 문제 해결을 위한 도구일 뿐이다. 그러나 한국 정책 현실에서는 종종 규제 그 자체가 독립된 정책 목표로 받아들여진다. '무엇이 문제인가'보다는 '무엇을 규제할 것인가'에 먼저 집중하고, 규제의 정당성을 뒷받침하기 위한 근거를 나중에 구성하는 경우도 적지 않다. 이는 정책의 실효성과 지속 가능성, 그리고 생태계 전반에 미치는 파급 효과까지 고려하는 정교한 설계와 거리가 멀다. 한국에서 일어나고 있는 플랫폼 규제에 대한 논의도 마찬가지다. 예를 들어 해당 규제가 어떤 생태계를 만들 것인지, 또 어떤 미래로 이끌 것인지를 깊이 있게 고민하는 경우는 드물었다.

규제를 도구가 아닌 목적으로 여기는 사고에서 벗어나려면 '무엇을 금지할 것인가'에서 '어떤 생태계를 만들 것인가'로 질문의 방향을 바꿔야 한다. 규제는 그 자체로 완결된 목적이 아니며, 건강한 시장 질서를 만드는 과정이어야 한다. 이 과정은 단기적으로 달성해야 하는 목표가 아니라, 장기적인 설계 가운데 하나로 자리 잡아야 한다.

규제를 넘어 생태계 설계로

지금 필요한 것은 단순한 규제가 아니다. 직관적이고 단편적인 규제는 문제를 해결하기보다는 또 다른 문제를 낳을 수 있다. 따라서 플랫폼 생태계를 어떻게 설계할 것인가에 대한 근본적인 질문으로 나아가야 한다. 초점을 '어떻게 통제할 것인가'에서 '어떻게 함께 살아갈 것인가'로 이동시켜야 하는 것이다. 좀 더 구체적으로는 문제가 생기면 법으로 금지하거나 제한하는 규제 중심 사고에서, 생태계 내 모든 참여자(플랫폼, 입점 업체, 소비자, 정부 등)가 함께 살아갈 수 있는 구조를 설계하는 '생태계 중심 사고'로의 전환이다. 플랫폼은 개별 행위자들이 단순하게 모여 있는 군집이 아니라, 여러 이해관계자들이 얽혀 있는 복합 시스템이다. 시스템을 지속 가능하게 만들려면 개별적이고 단발적인 규제를 계속 만들어내는 것이 아니라, 전체 구조에 대한 전략적 설계가 뒷받침되어야 한다.

한편 한국이 갖고 있는 독특한 조건에 주목할 필요도 있다. 미국처럼 자율성과 혁신 중심의 규제 모델을 따르기도 어렵고, EU처럼 공정성과 형평성을 앞세운 체계적인 법제화도 현실적으로 쉽지 않다. 물론 중국처럼 강력한 국가 주도형 전략을 펼치는 것도 이제는 어려운 일이다. 그러나 한국은 세계 최고 수준의 디지털 인프라, 구성원들의 높은 디지털 활용 능력, 정책 개입에 대한 사회적 수용성이라는 조건 또한 지니고 있다. 이런 특성들은 한국형 플랫폼 정책 모델을 설계할 수 있는 기반이자 기회가 될 수 있다.

중요한 것은 뚜렷한 장기적 비전이다. 한국은 단기적 규제 대응에 치우쳐 있으며, 플랫폼 생태계를 10년 후, 20년 후 어떤 모습으로 만들고 싶은지에 대한 사회적 합의가 부족하다. '2035년, 우리는 어떤 플랫폼 생태계를 만들고 싶은가?'라는 질문에 어떤 답을 내놓을지 고민해야 할 때다. 질문과 답변이 명확해질 때, 개별 규제들은 비로소 하나의 전략 아래 정렬되고, 정책은 조각이 아닌 설계도가 될 수 있다.

규제가 곧 해법이라는 직관에서 벗어나야 한다. 이는 문제를 금지하는 방식이 아니라, 가능성을 설계하는 방식이어야 한다. 플랫폼은 통제의 대상이 아니라 설계의 대상이며, 이것이 한국 플랫폼 정책이 나아가야 할 다음 단계다.

주

1 Li, Zhuoxin and Wang, Gang., 'Regulating Powerful Platforms: Evidence from Commission Fee Caps', *Information Systems Research*, Forthcoming, 2021.06.22.; https://ssrn.com/abstract=3871514; http://dx.doi.org/10.2139/ssrn.3871514
2 Cennamo, C., Kretschmer, T., Constantiou, I., & Garcés, E., *Economic Impact of the Digital Markets Act on European Businesses and the European Economy*, Digital Markets Competition Forum, 2025.07.30.; https://www.dmcforum.net/publications/economic-impact-of-the-digital-markets-act-on-european-businesses-and-the-european-economy/
3 Adam Kovacevich, 'Europe's Digital Market Act fails consumers', Medium, 2024.03.04.; https://medium.com/chamber-of-progress/europes-digital-market-act-fails-consumers-dcaf70cc548c
4 Rong, Ke and Sokol, D. Daniel and Zhou, Di and Zhu, Feng, 'Antitrust Platform Regulation and Entrepreneurship: Evidence from China', *Harvard Business School Technology & Operations Mgt. Unit Working Paper*, No. 24-039, USC CLASS Research Paper No. 24-16, 2024.01.01.; https://ssrn.com/abstract=4697283; http://dx.doi.org/10.2139/ssrn.4697283

chapter 5

선지원 · 한양대학교 법학전문대학원

안전하고 효과적인 항해를 위해서
– 입법평가와 의견수렴절차

입법준비절차의 필요성과 의의

입법은 국민의 대표인 의회가 유권자 의사의 총의를 모아가는 과정이며, 이 과정에서 갈등이 발생할 수 있다. 사회 공동체 구성원의 다양한 요구와 가치를 반영해야 하므로, 다양한 이해관계자들의 의견을 수렴하고 조율하는 과정에서 갈등이 발생하는 것이다. 또한 입법 과정에 참여하는 사람들이 정보에 접근할 수 있는 방법과 정도가 다르기 때문에(정보 비대칭), 정보 우위에 있는 사람들이 자신들에게 유리한 입법을 할 수 있다는 우려가 갈등으로 이어질 수 있다. 그리고 이런 갈등을 잘못 다루는 경우 공정성 문제가 일어날 수 있다.

입법 과정을 효율적으로 관리하고 갈등을 해결하는 제도적 장치가 부족할 경우, 갈등이 심화되고 길어지면서 갈등 해소를 위한 사회적 비용이 지나치게 커질 수 있다. 구체적으로 입법 과정에서 갈등 관리가 효과적으로 이루어지지 않을 경우에 입법 과정의 지연 또는 마비, 입법 결과(입법의 질적 수준)의 저하, 사회적 갈등의 심화 또는 정치적 불안정 등의 문제가 나타날 수 있는 것이다. 사실 입법 과정 자체가 이해관계자들의 의견을 수렴하고 갈등을 조정해 나가는 과정이라고 할 수 있으므로, 입법 단계에서 갈등을 조정하는 것은 당연한 절차라고도 할 수 있다.

입법 단계에서의 갈등 조정은 크게 두 가지 맥락으로 나누어 볼 수 있다. 하나는 입법의 내용 자체가 갈등을 만들 수 있다는 가능성이 있을 때, 이를 최대한 억제하는 방향으로 규율의 내용을 구성했는지 검토하는 것이다. 입법 내용이 특정 당사자나 특정 지방자치단체의 이익을 침해할 가능성이 있을 때, 복수의 당사자 사이에서 권리 다툼이 일어나는 경우다. 예를 들어 대형 사업의 근거가 되는 법률 내용 자체에 갈등을 유발하는 요인이 담겨 있거나, 이로 인한 갈등의 사회적 비용이 해당 사업의 추진으로 사회가 얻을 수 있는 사회경제적 편익보다 크다면 입법 자체가 타당하지 않다고 잠정적인 결론을 내릴 수 있다.

다른 하나는 입법 목적을 달성해가는 과정을 해당 법률이 규율할 때, 관련한 절차를 갈등을 최소화하는 방안으로 구성하였는지 평가하는 것이다. 대형 사업의 근거 법률은 필연적으로 갈등 요인을 담고 있기 때문에, 해당 갈등을 효율적으로 관리하고 미리 억제할 수단이 입법 내용에 들어 있는지가 중요하다. 그리고 적절한 수단이 없는 법률안이라면 타당성이 떨어진다고 평가할 수 있다.

이런 요소를 법률이 충분히 반영하고 있지 않다면, 입법 자체가 사회경제적 타당성을 잃었다고 볼 수 있다. 만약 입법 자체에 공정성을 저해하는 요소가 지나치게 크고 이를 해소할 수 있는 실체적·절차적 수단을 충분히 담는 것이 불가능하다면, 해당 입법은 입법 목적의 정당성을 잃은 것이며 경우에 따라서는 관계인들의 기본권을 침해하는 위헌 소지가 있다고 할 것이다. 법률에 따른 규율이 갈등을 낳을 수는 있지만, 이를 해소할 수 있는 수단을 찾을 수 있다면 법률에서 정하는 절차 등에 갈등 예방과 해소의 방법을 충분히 담아야 한다. 따라서 입법 준비 과정에서 사전 조정이 중요하다. 구체적으로 보자면 공정성 실현이라는 관점에서 입법준비절차에 자격을 갖춘 주체가 시행하는 입법평가, 이해관계 당사자들을 대상으로 한 의견수렴절차를 생각할 수 있다.

입법평가는 말 그대로 의회에서 법안을 상정하고 토론하기 이전에, 또는 그 과정에서 입법의 타당성과 내용에 대해 자격을 갖춘 기관이 평가하는 일이다. 입법평가에서 무엇을 평가해야 하는지는 입법을 바라보는 관점에 다르다. 예를 들어 법사회학적 측면에서는 대상 법률이 실효적인가의 문제, 법경제학적 시각에서는 법의 효용과 비교해 사회적 비용이 얼마나 드는지에 대한 문제가 중요할 것이다. 다만 일반적으로 다음과 같이 정의해볼 수 있다.

첫째, 입법적 성격을 지닌 국가적 조치에 대한 실질적 의미에서의 법률에 대한 평가로 보고, '법형식을 구비한 규범'이 전체 적용 영역에 대하여 미치는 재정적 및 비재정적, 의도적 및 비의도

적 영향 전반을 분석하는 것으로서, 사전·병행·사후적 평가를 포괄하는 것이라는 설명이다.[1]

둘째, 입법의 행정적·법률적·사회적·경제적·예산적 효과를 사전에 평가하여 입법목적을 효과적으로 달성하도록 하는 것을 의미하는 평가라고 정의하기도 한다.[2]

셋째, 특정한 법령의 제정·개정 또는 폐지로 인하여 국가나 사회에 미칠 법적·행정적·사회적·경제적·예산적 영향과 그에 따른 부수적 영향을 사전과 사후에 과학적·체계적으로 분석·평가하여 입법목적을 효과적으로 달성할 수 있도록 지원하는 제도라는 시각도 있다.[3]

넷째, 법률의 홍수 현상에서 기인하는 규범의 수용성·실효성 저하 현상 등에 대한 우려가 제기되는 현실에서 사전적으로는 이에 대한 적절한 예방적 수단으로서의 작용이며, 사후적으로는 그 평가 결과를 반영하여 입법 활동에 지속적인 계획성을 갖추도록 보조함으로써 입법 과정에서 발생할 수 있는 경솔함을 최소화하고 과학적인 입법을 도모하는 과정이라고 파악하기도 한다.[4]

입법 과정에서의 의견수렴절차 또한 일률적인 내용으로 파악하기는 어렵다. 다만 이해관계 당사자들의 의견을 청취하는 절차를 비롯하여, 입법과 관계가 있는 각 기관들의 입장을 입법에 반영하는 것이라고 이해할 수 있을 것이다.

결국 입법평가와 의견수렴절차를 포함한 입법준비절차들은 한 가지 제도나 현상으로 설명하기 어려우며, 내포하고 있는 여러 목표를 실현하려는 수단이라고 종합적으로 인식해야 할 것이다.

즉 입법이 일으킬 수 있는 사회적 갈등을 사전 조정하는 효과에 더해, 입법이 추구하는 목표 달성을 위한 경제성·효율성을 평가하고, 입법 내용의 균형성과 비례성을 평가해 종합적인 법률의 품질을 제고하기 위한 수단들인 것이다. 따라서 제대로 된 입법준비절차를 거쳐 입법 자체의 질적 향상이 이루어질 경우 사회 전체적인 공정성 확립에 도움이 될 것이다. 아래에서는 유럽연합(EU)과 한국의 입법준비절차를 살펴보고, 입법준비 과정에서 공정성 실현을 위해 구체적으로 갖추어야 할 장치에 대해 모색해보기로 한다.

EU 입법준비절차 제도화 사례

EU 입법준비절차 개관

EU법은 제1차법(Primärrecht, Primary Law)과 제2차법(Sekundärrecht, Secondary Law)으로 구분할 수 있다. 제1차법은 EU의 통일적인 기본 질서를 규율하는 법이다. 국제법적으로는 EU 설립의 근거가 되며, EU라는 단일 유기체의 자치법으로서는 헌법의 기능을 한다고 할 수 있다. 또한 EU의 입법기관들이 제2차법을 발령할 수 있게 하는 근거로 기능한다. 원칙적으로 EU 회원국들이 합의한 조약들[5]이 제1차법을 구성하지만 유럽연합사법재판소(EUGH)는 관습법 및 EU의 일반원칙들을 제1차법으로 원용하기도 한다. 위계상 제2차법에 비해 우위를 가지며, 이 우위는 일반적인 상위법의 하위법에 대한 우위와 같다.[6] 조약의 개정과 변경은 EU 조약 제48조가 규율하는 절차에 따르게 된다.

　제2차법은 제1차법에 근거하여 제1차법의 범위 내에서 수권받은 EU 기구들이 발령한 각종의 '법적 행위'를 뜻한다(유럽연합조약 제5조 제2항). 제2차법의 유형은 유럽연합기능조약 제288조가 규정하고 있다. 즉 명령(Verordnung, Regulation), 지침(Richtlinie, Directive), 결정(Beschluss, Decision), 및 권고와 의견(Empfehlung & Stellungsnahme, Recommendation & Opinion)이 제2차법을 이룬다. 제1차법이 특정한 형식을 지정하고 있는 경우, (예를 들어 유럽연합기능조약 제115조는 단일시장의 법규범을 지침을 통해 균일화할 것을 명하고 있다.) 이를 제외하고 입법기관은 제2차법의 형식 가운데 무엇을 선택할지에 대한 재량을 가진다. 또한 입법기관들은 경우에 따라 비정형의 법적 행위로 입법 형식을 보충할 수 있다. 이러한 비정형의 법적 행위들도 제2차법의 내용을 이룬다.

　'명령'은 모든 EU 회원국 안에서 내국법으로 반영할 필요 없이 자동적이며 통일적인 방식으로 효력을 발휘하는 법적 행위이다. 모든 EU 회원국에서 법적 구속력을 가지며 직접 적용된다. 유럽 집행위원회(European Commission, 이하 집행위원회)의 제안을 바탕으로 EU 평의회(Council of the European Union, 이하 평의회)와 유럽 의회(European Parliament)가 각각 또는 공동으로 명령을 발령할 수 있다.

　'지침'은 특정한 목적을 회원국에게 부과하지만, 실현 방법은 EU 회원국에 자유를 부여한다. 특별한 조치가 없어도 EU 역내에서 직접 효력을 발하는 명령과 달리, EU 회원국들은 지침이 지시하는 목적의 실현을 위해 필요한 법률상 조치를 취해야 하며, 이에 대해 집행위원회에 보고해야 한다. EU 회원국 내국법에 지침을 반영하는 것은 지침이 정하는 일정한 기간 내에 이루어져야 하며, 그렇지 않을 경우 집행위원회는 해당 회원국을 조약 위반 절차에 회부할 수 있다.[7] 지침 역시 집행위원회의 제안에 따라 평의회와 유럽 의회가 각각 또는 공동으로 발령할 수 있다.

'결정'은 하나 또는 복수의 EU 회원국, 기업 또는 개인에 대해 구속력 있는 법적 행위로, 관계 당사자에 대한 통지 또는 공고로 효력을 발휘하는데, EU 회원국 내국법에 반영할 필요 없이 효력을 발휘한다. 개별 사안에 대한 법적 행위라는 점에서 일반적 규율인 명령이나 지침과 비교할 수 있다. 결정은 평의회가 발령하지만, 유럽연합기능조약 제290조에 따라 집행위원회가 발령 권한을 위임받을 수 있다. 실제로 대부분의 결정은 집행위원회가 발령한다.

'권고 및 의견'은 형식적인 법적 구속력은 없지만, 넓은 의미에서 EU법의 제2차법의 구성 요소다. 권고는 특정 기관이 견해를 밝히거나 조치를 제안하는 것으로, 권고 수령자에게 법적인 의무를 부과하지 않으며 법적 구속력도 없다. 의견은 EU 기관이 특정 사안과 관련하여 법적 의무의 부과 없이 견해를 밝히는 것이며 법적 구속력이 없다. 평의회, 유럽 의회 및 집행위원회는 모두 권고나 의견을 발령할 수 있다. 단 집행위원회의 권고나 의견은 정식의 입법절차인 집행위원회의 '제안권'(유럽연합기능조약 제225조 및 제241조)과 구별해야 한다. 그밖에 집행위원회 등이 행하는 비정형의 법적 활동들도 제2차법의 내용을 구성한다.

EU에서 입법과 입법학이 가지는 관심사는, EU의 존재의의에 해당하는 가치들을 입법으로 관철하는 것이라고 할 수 있다. EU가 추구하는 최상의 가치 가운데 하나는 사회적 연대로, 이는 입법 과정 또는 입법으로 나타나는 공정성 실현과 맞닿아 있다고 할 수 있다. 입법을 위한 원칙들을 지켜야 하는 이유도 입법이 궁극적으로 '조약의 목적'에 부합하게 하려고, 즉 EU 조약으로 선언하는 가치들을 지키기 위해서라고 평가할 수 있다. 때문에 EU는 일찍부터 타당하고 비례적인 EU법 입법을 담보하는 수단으로 '영향평가(Impact Assessment)'라는 수단을 활용한다. 아울러 EU는 27개 회원국의 연합체이므로, 다양한 이해관계 당사자가 있다. 특히 EU를 구성하는 각 회원국은 모든 사안을 놓고 각각의 의견을 갖고 있을 것이므로, 당사국들의 의견을 수렴하는 절차가 중요하다. EU는 이런 차원에서 입법 절차 이전에, 즉 법안의 발의가 있기 전에 녹서(Green Papers)와 백서(White Papers)에 이르는 의견 수렴 절차를 거친다.

입법 과정과 영향평가

집행위원회에서 법안이 제안되기 이전부터 심화된 영향평가가 이루어진다. EU 각 기관들 사이에 '기관 간 협의'에 따라 2016년 4월 이후부터 EU법의 입법절차에 영향평가를 실시하고 있는데, 중심에는 집행위원회의 영향평가가 있다. 집행위원회의 영향평가는 입법안뿐만 아니라 일반적인 정책안(재정 프로그램 또는 권고안)과 기타 법적 행위 전반에 대해 이루어진다. 집행위원회는 독립위원회인 규제통제위원회(Regulatory Scrutiny Board)를 설치하고, 이 위원회로 하여금 영향평가를 실시하도록 하고 있다. 집행위원회가 실시하는 영향평가는 '더 나은 규제(Better Regulation)를 위한 의제'라는 이름으로 EU에서 펼치는 입법절차 개선 정책의 일환이기도 하다. 최근에는 입법에 대한 영향평가 방법론과 관련된 지침으로 볼 수 있는 '더 나은 규제를 위한 가이드라인-영향평가(Better Regulation Guidelines-Impact Assessment)'[8]라는 문서를 발간하기도 했다. 이 문서가 제시하는 영향평가 필수 검토 사항은 다음과 같다.

영향평가에서 이루어져야 하는 질문들

1) 문제점은 무엇이며 그것이 왜 문제가 되고 있는가?
2) 왜 EU법이 필요한가?
3) 무엇을 달성하여야 하는가?
4) 목표를 달성하기 위한 다양한 선택지는 무엇인가?
5) 경제적, 사회적, 환경상의 영향은 무엇이며 누가 영향을 받게 되는가?
6) 서로 다른 옵션을 어떻게 비교할 것인가(효과, 효율성 및 일관성)?
7) 모니터링 및 이어지는 사후(retrospective) 검증을 어떻게 구성할 것인가?

이런 분석 대상 가운데 경제적·사회적 영향평가가 갈등 관리와 관련성을 가진다. 입법이 불러올 수 있는 특정한 지역에 대한 경제적 효과를 비교해 경제적 갈등 문제를 검토할 수 있으며, 지역 사이의 관계, 중앙정부와 지방정부의 관계를 포함한 여러 당사자 사이의 사회적 관계를 따져 갈등이라는 요인을 평가 대상으로 삼는다. 또한 갈등을 최소화하는 정책 수단을 이 법이 담고 있는지, 갈등을 관리할 구조를 적절하게 포함하고 있는지 또한 주요 평가 사항이다.[9]

한편 집행위원회의 제안을 심의하는 과정에서 유럽 의회 또한 입법평가를 수행한다. 유럽 의회 안의 유럽 의회 조사처(European Parliamentary Research Service, EPRS)는 집행위원회의 입법영향평가 보고서를 분석하는 방식으로 영향평가를 1차적으로 실행한다. 한편 의회 내 소관 위원회의 요청이 있을 경우에는 별도 영향평가를 수행한다. 다만 이때 EPRS가 수행하는 영향평가 또한 집행위원회가 발간한 가이드라인에 따라 이루어지는 것이 보통이므로 실효성에 대해서는 의문이다. 의회가 입법 대안을 제시할 경우에도 집행위원회의 요청이 있을 경우 수정안에 대해 입법평가를 실행한다.

입법평가를 통한 공정성 실현의 사례로 2006년에 EU 배터리 지침[10] 제정 시 니켈-카드뮴(NiCd) 배터리 폐기물 처리 등과 관련한 문제를 사전에 해소하고 균형 있는 지침을 만들기 위한 입법영향평가가 있다. 집행위원회가 이 지침을 제안한 이유는, 사용이 끝난 니켈-카드뮴 배터리 및 축전지의 부적절한 폐기로 인해 독성이 강한 다량의 중금속 카드뮴이 통제되지 않은 채 EU 역내에 배출되었기 때문이다. 그러나 각 EU 회원국별로 또한 각 지방자치단체별로 배터리 폐기물을 처리하는 기술 및 재정 수준이 달랐고, 일부 지역들은 이러한 새로운 의무를 도입하는 것에 대하여 반대했다. 집행위원회는 입법발의 단계에서 지역적으로 균형 있는 기술 및 재정적 요구 수준을 법안에 담기 위해 EU 회원국들의 환경 부처와 협력해 입법영향평가를 실시했다. 이를 통해 적정한 정도의 규제 수준을 제시하고자 한 것이었다. 특히 독일 지역에서의 입법영향평가로 집행위원회와 독일 환경부는 배터리 폐기물 처리 현황, 전국적인 배터리 폐기 모니터링 시스템을 체계적으로 개발하는 비용, 도시 고형 폐기물 가운데 폐 니켈-카드뮴 배터리 배출 기록 비용을 산출하여 규제를 도입했을 때의 편익과 비교하고자 하였다. 배터리 모니터링 시스템의 설정을 위한 입법영향평가에서는 다음 항목들을 분석했다.

- 니켈-카드뮴 배터리의 관련 비율을 포함한 폐기물 흐름 식별 (지역적 차이)
- 니켈-카드뮴 배터리가 포함된 폐기물에 대한 적절한 샘플링 방법 선택
- 샘플링 비용에 영향을 미치는 매개변수 결정
- 니켈-카드뮴 배터리 관련 비율의 폐기물 흐름에 대한 조사 계획 개발
- 도시에서 배출되는 고형 폐기물에서 니켈-카드뮴 배터리 모니

터링 비용 결정

이렇게 도출된 샘플 수량과 폐기물 조사 계획, 샘플링, 분류 및 평가에 따른 예상 비용을 바탕으로 니켈-카드뮴 배터리 모니터링 비용은 (방법론적 접근 방식의 차이와 시스템 조사의 복잡성으로 인한 변동을 인정해) 110만~330만 유로로 예측되었다. 여기에 전체적인 생활폐기물 모니터링 비용과 비교하고, 해당 규제를 도입할 경우 발생하는 긍정적인 환경 영향을 산정하여 규제의 수준을 결정했다.[11]

입법 과정과 의견수렴절차

집행위원회가 발행하는 녹서(Green Papers)는, EU 수준의 특정 주제에 대해 대략의 의제를 제시하고 의견을 수렴하기 위한 것이다. 이는 주로 이해관계 당사자(기관 및 개인)를 대상으로 하며, 필요한 경우 녹서에 포함된 제안을 바탕으로 협의 및 토론 과정에 참여할 수 있도록 당사자들을 초대하기도 한다. 녹서를 거쳐 좀 더 구체화된 의제를 백서(White Papers)에서 작성하고, 집행위원회는 이렇게 해설된 입법절차를 시작할 수 있다. 녹서에 대한 의견수렴절차와 백서에 대한 의견수렴절차 자체가 뚜렷하게 구분되지는 않는다. 의견수렴절차는 공통적으로 집행위원회의 플랫폼[12]에서 진행하며, 의견수렴을 위해 보통 12주 이상 내용을 게시한다.

집행위원회가 발행하는 백서에는 특정 영역에서의 EU의 조치에 대한 제안이 포함된다. 보통 백서 내용은 부분적으로 EU 수준에서 협의 프로세스를 시작하는 것이 목적인 녹서를 바탕으로 한다. 백서의 목적은 정치적 합의에 도달하기 위해 EU 시민, 이익단체, 유럽 의회 및 EU 이사회 사이에 토론을 시작하는 것으로, 녹서와 마찬가지로 집행위원회 웹사이트에 내용이 게재된다.

녹서, 백서와 같은 방식은 규제 입법을 할 때 지방자치단체 사이 또는 이익집단 사이의 갈등을 미리 통제하는 데 효과적일 것으로 보인다. 예를 들어 「EU 인공지능법」[13]은 2020년 2월에 발간된 『인공지능 백서(*White Paper on AI*)』 내용을 기초로 한다. 인공지능법의 뼈대라고 할 수 있는 리스크 기반 규제는 이미 『인공지능 백서』에서 제안되었고, EU 회원국을 비롯한 여러 이해관계 당사자들은 『인공지능 백서』대해 의견을 제시하였는 바, 해당 의견들이 입법 과정에서 고려된 것으로 보인다.

한국 사례

한국 역시 입법준비 과정에서 각종 절차를 거쳐 입법 내용을 평가하거나 의견을 수렴하는 과정을 두고 있다. 비록 여러 제도로 흩어져 있고 EU 수준의 정식 절차라고 할 수는 없지만, 실질적으로 입법 과정에서 공정성 확보 수단으로 기능할 것이라 기대할 수 있다.

행정규제기본법 제7조(규제영향분석 및 자체심사)

① 중앙행정기관의 장은 규제를 신설하거나 강화(규제의 존속기한 연장을 포함한다. 이하 같다)하려면 다음 각 호의 사항을 종합적으로 고려하여 규제영향분석을 하고 규제영향분석서를 작성하여야 한다. 〈개정 2015. 5. 18., 2023. 7. 11.〉
1. 규제의 신설 또는 강화의 필요성
2. 규제 목적의 실현 가능성
3. 규제 외의 대체 수단 존재 여부 및 기존규제와의 중복 여부
4. 규제의 시행에 따라 규제를 받는 집단과 국민이 부담하여야 할 비용과 편익의 비교 분석
5. 규제의 시행이 「중소기업기본법」 제2조에 따른 중소기업에 미치는 영향
6. 「국가표준기본법」 제3조제8호 및 제19호에 따른 기술규정 및 적합성평가의 시행이 기업에 미치는 영향
7. 경쟁 제한적 요소의 포함 여부
8. 규제 내용의 객관성과 명료성
9. 규제의 존속기한·재검토기한(일정기간마다 그 규제의 시행상황에 관한 점검결과에 따라 폐지 또는 완화 등의 조치를 할 필요성이 인정되는 규제에 한정하여 적용되는 기한을 말한다. 이하 같다)의 설정 근거 또는 미설정 사유
10. 규제의 신설 또는 강화에 따른 행정기구·인력 및 예산의 소요
11. 규제의 신설 또는 강화에 따른 부담을 경감하기 위하여 폐지·완화가 필요한 기존규제 대상
12. 관련 민원사무의 구비서류 및 처리절차 등의 적정 여부

② 중앙행정기관의 장은 제1항에 따른 규제영향분석서를 입법예고 기간 동안 국민에게 공표하여야 하고, 제출된 의견을 검토하여 규제영향분석서를 보완하며, 의견을 제출한 자에게 제출된 의견의 처리 결과를 알려야 한다.

③ 중앙행정기관의 장은 제1항에 따른 규제영향분석의 결과를 기초로 규제의 대상·범위·방법 등을 정하고 자체규제심사위원회의 심의를 거쳐 그 타당성에 대하여 자체심사를 하여야 한다. 이 경우 관계 전문가 등의 의견을 충분히 수렴하여 심사에 반영하여야 한다. 〈개정 2023. 7. 11.〉

④ 규제영향분석의 방법·절차와 규제영향분석서의 작성지침 및 공표방법, 자체규제심사위원회의 구성, 자체심사의 기준 및 절차 등에 관하여 필요한 사항은 대통령령으로 정한다. 〈개정 2023. 7. 11.〉

국회법 제79조의2(의안에 대한 비용추계 자료 등의 제출)
① 의원이 예산상 또는 기금상의 조치를 수반하는 의안을 발의하는 경우에는 그 의안의 시행에 수반될 것으로 예상되는 비용에 관한 국회예산정책처의 추계서 또는 국회예산정책처에 대한 추계요구서를 함께 제출하여야 한다. 〈개정 2021. 7. 27.〉
② 제1항에 따라 의원이 국회예산정책처에 대한 비용추계요구서를 제출한 경우 국회예산정책처는 특별한 사정이 없으면 제58조제1항에 따른 위원회의 심사 전에 해당 의안에 대한 비용추계서를 의장과 비용추계를 요구한 의원에게 제출하여야 한다. 이 경우 의원이 제1항에 따라 비용추계서를 제출한 것으로 본다. 〈신설 2021. 7. 27.〉
③ 위원회가 예산상 또는 기금상의 조치를 수반하는 의안을 제안하는 경우에는 그 의안의 시행에 수반될 것으로 예상되는 비용에 관한 국회예산정책처의 추계서를 함께 제출하여야 한다. 다만, 긴급한 사유가 있는 경우 위원회의 의결로 추계서 제출을 생략할 수 있다. 〈개정 2021. 7. 27.〉
④ 정부가 예산상 또는 기금상의 조치를 수반하는 의안을 제출하는 경우에는 그 의안의 시행에 수반될 것으로 예상되는 비용에 관한 추계서와 이에 상응하는 재원조달방안에 관한 자료를 의안에 첨부하여야 한다. 〈개정 2021. 7. 27.〉
⑤ 제1항부터 제4항까지에 따른 비용추계 및 재원조달방안에 관한 자료의 작성 및 제출 절차 등에 필요한 사항은 국회규칙으로 정한다. 〈개정 2021. 7. 27.〉
[전문개정 2018. 4. 17.]

규제영향분석 사전 평가의 성격을 갖는 대표적인 제도로 규제영향분석이 있다. 객관적·과학적 방법을 사용해 규제로 인해 나타날 영향을 미리 예측·분석함으로써 규제의 타당성을 판단하는 기준을 제시하는 분석이다. 규제영향분석은 불필요하고 불합리한 규제가 만들어지는 것을 막고, 합리적인 규제 수단과 대안을 찾아 기존 규제의 합리적 개선을 유도하는 것이 목적이다. 행정입법이나 법률안 정부발의 과정에서 해당 입법안에 규제적 요소가 들어 있을 경우 규제영향분석을 시행한다. 실무에서는 분야별로 한국행정연구원, 한국개발연구원, 정보통신정책연구원이 규제영향분석을 보조한다.

법안비용추계제도 재정상 조치를 수반하는 법률안 등에 대해 해당 법률안 등이 시행될 경우 소요될 것으로 예상되는 총비용 및 연도별 지출액을 각종 추계기법을 활용하여 추산한 후 법률안에 첨부하도록 하는 것이 법안비용추계제도다. 그러나 국회법상의 법안비용추계제도는 사회경제적 비용이 아닌, 법안 집행 과정에서 실제 지불하는 비용을 추계하는 것이다. 사회공동체 전체의 공정성 실현과 관련한 비용은 해당 법안의 시행으로 인해 사회공동체가 치러야 하는 비용을 의미하기 때문이다.

행정기본법상 입법영향분석 한편 부분적으로 입법영향분석 제도가 법제화되어 있기도 하다. 「행정기본법」 제39조제2항 및 같은 법 시행령 제17조에 근거하여, 현행 법령의 집행 실태와 효과성

행정기본법 제39조(행정법제의 개선)
② 정부는 행정 분야의 법제도 개선 및 일관된 법 적용 기준 마련 등을 위하여 필요한 경우 대통령령으로 정하는 바에 따라 관계 기관 협의 및 관계 전문가 의견 수렴을 거쳐 개선조치를 할 수 있으며, 이를 위하여 현행 법령에 관한 분석을 실시할 수 있다.

행정기본법 시행령 제17조(입법영향분석의 실시)
① 법제처장은 행정 분야의 법제도 개선을 위하여 필요한 경우에는 법 제39조제2항에 따라 현행 법령을 대상으로 입법의 효과성, 입법이 미치는 각종 영향 등에 관한 체계적인 분석(이하 "입법영향분석"이라 한다)을 실시할 수 있다.
② 입법영향분석의 세부적인 내용은 다음 각 호와 같다.
 1. 법령의 규범적 적정성과 실효성 분석
 2. 법령의 효과성 및 효율성 분석
 3. 그 밖에 법령이 미치는 각종 영향에 관한 분석
③ 법제처장은 중앙행정기관의 장을 대상으로 입법영향분석을 실시할 현행 법령에 대한 수요를 조사할 수 있다. 〈신설 2022. 5. 24.〉
④ 법제처장은 입법영향분석을 위해 필요하다고 인정하는 경우에는 관계 중앙행정기관의 장에게 관련 자료의 제공을 요청할 수 있다. 이 경우 요청 받은 기관의 장은 정당한 사유가 없으면 이에 따라야 한다. 〈신설 2022. 5. 24.〉
⑤ 법제처장은 입법영향분석 결과 해당 법령의 정비가 필요하다고 인정되는 경우에는 소관 중앙행정기관의 장과 협의하여 법령정비계획을 수립하거나 입법계획에 반영하도록 하는 등 필요한 조치를 할 수 있다. 〈개정 2022. 5. 24.〉
⑥ **법제처장은 「정부출연연구기관 등의 설립·운영 및 육성에 관한 법률」 별표에 따른 정부출연연구기관으로서 입법영향분석에 전문성을 가진 기관으로 하여금 제1항, 제2항 및 제5항에 따른 업무를 수행하기 위하여 필요한 조사·연구를 수행하게 할 수 있다.** 〈개정 2022. 5. 24.〉
⑦ 법제처장은 제6항에 따른 조사·연구를 수행하는 기관에 그 조사·연구 수행에 필요한 비용의 전부 또는 일부를 예산의 범위에서 지원할 수 있다. 〈개정 2022. 5. 24.〉

등 국민·사회에 미치는 각종 영향을 객관적·과학적으로 분석하고 결과를 입법 개선 및 법령 정비 등 행정 분야 법제도 개선에 적극 활용하는 제도다. 「행정기본법」상 입법영향분석 대상은 특정 법령이나 해당 법령상 제도 가운데 범정부적으로 대국민 영향력이 크거나, 행정 법제도 개선 차원에서 분석이 필요한 과제로 한정된다. 따라서 갈등의 요인이 될 수 있고, 공정성에 영향을 미칠 수 있는 많은 입법들이 제외된다는 한계가 있다. 또한 실질적인 제도 운영이 미진해, 입법에서의 공정성 확보를 위해서는 더 구체적인 지침과 실행 방안이 필요하다.

지방자치단체 조례 입법평가 지방자치단체 차원에서 조례에 대한 입법평가를 시행하기도 한다. 2013년 광주광역시를 시작으로 12개 광역지방자치단체와 48개 기초지방자치단체에서 입법평가 제도를 도입하여 시행하고 있다. 강원특별자치도는 입법평가 결과를 조례 개정에 적극 반영하고 있어 모범 운용 사례로 평가받는다. 강원특별자치도는 입법평가 결과를 매년 보고서로 공개하고 있으며, 2023년 한 해 동안 52건의 입법평가를 수행해, 20건에 대해 심화정비 의견, 30건에 대해 일반정비 의견, 1건에 대해 폐지 의견을 제출했다.

시민참여절차 입법에서의 각종 시민참여절차도 있다. 다만 정식 참여절차가 있는지에 대해서는 정부입법 과정과 의원입법 과정에서 차이가 있다. 정부입법 과정에서는 입법예고로 이해관계 당사자들의 의견을 수렴할 수 있는 가능성을 열어둔다. 「행정절차법」제41조 제1항은 "법령 등을 제정·개정 또는 폐지하고자 할 때에는 당해 입법안을 마련한 행정청은 이를 예고"해야 한다고 규정하여, 정부입법에서 입법예고를 의무화하고 있다. 또한 같은 법 제44조 제2항에 따르면 행정청은 "의견접수기관·의견제출기간 기타 필요한 사항을 당해 입법안을 예고할 때 함께 공고하여야" 한다. 시민들은 미디어를 통해 입법예고된 법안 내용을 파악해 의견을 제안할 수 있고, 해당 의견은 법령의 최종 검토 과정에서 반영될 수 있다.

의원입법의 경우에는 이와 같은 정식 입법예고절차를 거치지 않는다. 다만 의원입법과 정부입법을 가리지 않고 국회 상임위원회 법안심사 과정에서 경우에 따라 공청회 등의 의견수렴절차를 거친다. 「국회법」제58조 제6항에 따라 "제정법률안과 전부개정법률안에 대해서는 공청회 또는 청문회를 개최하여야" 하는 것이 원칙이다. 이해관계 당사자를 비롯한 시민들은 이 공청회나 청문회에 참여하여 입법안에 대한 의견을 제시할 수 있는데, 의견수렴절차가 제대로 이루어질 경우 입법의 공정성을 제고할 수 있을 것이다.

국회 입법조사처의 새로운 시도

EU 입법영향평가와 가장 비슷한 형태의 입법평가는 국회 입법조사처(이하 입법조사처)의 비공식적 사전·사후 입법영향분석이라고 할 수 있다. 입법조사처는 국회의원이 의뢰한 연구사업이라는 명목으로 사전·사후 입법영향분석 실시하는데, 실무적으로는 입법영향분석이 주를 이루었던 것으로 보인다. 다만 파편화된 입법평가의 문제점을 개선하기 위해 최근에는 전면적인 입법영향분석 제도화 논의도 있는 것으로 보인다.[14] 이 논의에서 검토하는 입법영향분석은 법률안 시행으로 발생이 예상되는 전반적인 영향을 객관적·과학적 방법으로 예측·분석함을 표방한다. 「주택법」, 「병역법」, 「의료법」 3건의 법률안에 대한 입법영향분석을 시범적으로 실시한 바 있다.

입법조사처가 새로 도입을 검토하고 있는 영향분석의 1단계에서는 법안 내용이 기본권에 미치는 영향을 분석한다. 이는 법안 시행으로 기대되는 바를 분석하는 과정이다. 예를 들어 「의료법」 영향분석에서는 개인정보자기결정권에 긍정적인 영향을 끼칠 것이라고 의견을 낸 바 있다. 2단계로는 사회 각 영역에 끼치는 영향을 분석한다. 「의료법」 내용에 따라 공공행정에서 의료 데이터 전송 등의 비용이 소요될 것이며, 각 의료기관의 인프라 구축을 위한 비용이 소요될 것이라고 분석하는 것이다. 또한 산업환경 측면에서는 의료 데이터 활용이 산업 발전을 촉진할 것이라고 분석할 수 있고, 의료 영역에서는 데이터 전송 의무가 의료기관에게 부담이 될 것이라고 결론을 내릴 수 있다. 국민건강 분야에 대해서는 각종 의료기술 및 건강 서비스 개발이 촉진되어 국민 보건에 도움이 될 것이라고 분석할 수 있다. 마지막 3단계에서는 이해관계자 및 전문가 의견 조회를 실시한다. 이와 같은 과정이 의견수렴절차로서도 기능할 수 있는 것이다.

단 입법조사처가 새로 검토하고 있는 제도 또한 몇 가지 한계를 지닌다. 먼저 영향분석의 내용이 정책적 전망 및 정성적인 예측에 그친다는 점이다. 사회경제적 편익 및 비용에 대한 심층분석이 빠져 있기 때문이다. 입법조사처 시범사업의 경우 영향평가의 성격보다는 법률 시행에 대한 기대효과의 제시에 그쳤다는 한계 또한 보여주고 있다.

민간 부문 입법평가

한국인터넷기업협회는 연 2회에 걸쳐 IT 관련 법률 제·개정안을 대상으로 입법평가를 시행해 오고 있다. 이 입법평가는 전문가 그룹이 법안에 대해 항목별 점수를 부여하는 방식으로 이루어진다. 또한 매년 규제백서 등으로 입법평가 결과를 공개하고, 법안의 타당성을 공론화하는 역할을 하기도 한다. 이 입법평가의 평가 지표는 용어, 헌법합치성, 산업 및 기술 이해도, 행정편의주의, 관할 문제, 자율규제 가능 여부 등 6개 범주에 걸친 15개이며, 평가위원은 각각의 항목에 대해 상, 중, 하로 점수를 부여하고, 이를 종합하여 최종 입법평가 결과를 도출한다.〈그림 5_1〉

그림 5_1 『인터넷산업규제백서』(2023), 123쪽

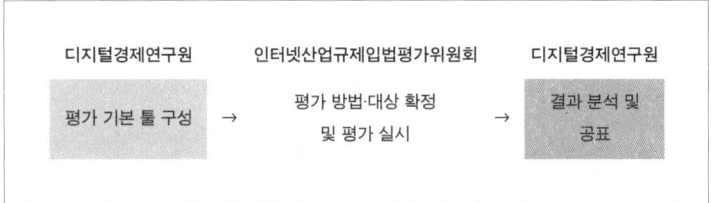

그러나 한국인터넷기업협회의 입법평가 역시 일부 문제점을 안고 있다. 우선 소수의 평가위원이 단기간에 다수의 법안에 대해 평가함으로써, 심층 분석보다는 법안에 대한 정성평가 위주로 구성된다는 점이다. 평가위원의 시각과 견해에 따라 평가의 기준이 달라질 수 있다는 점도 한계로 지적할 수 있다. 예컨대 A 평가위원은 헌법적 가치에 대해 엄격한 심사 기준을 적용했는데, B 평가위원은 완화된 심사 기준을 적용하는 현상이 나타날 수 있는 것이다.

공정성 실현을 위한 입법준비절차의 실질화

입법준비절차의 목적은 새로운 규제 입법을 할 때 갈등을 최소화하고, 규제로 인한 사회적 부편익과 비용을 최소화할 수 있는 제도를 설계하기 위함이다. 따라서 추상적인 입법평가 또는 참여절차가 이와 같은 목적을 이루고 공정성을 실현할 수 있을지는 의문이다. 앞선 논의에서 실질적이고 구체적인 입법준비절차가 어떤 효과를 거둘 수 있는지 살펴보았다. 그리고 이를 좀 더 견고하게 제도화하고 실천적으로 활용하기 위해 다음과 같은 대안들을 생각해 볼 수 있을 것이다.

첫째, 입법평가 전담 전문기관 설치다. 비상임위원으로 구성되는 위원회 형태가 아닌, 상설 전문가로 구성된 전문기관이 평가 업무를 수행하는 것이 바람직할 것이다. 예를 들어 「행정기본법」

에 근거한 국가행정법제위원회는 비상임위원으로 구성되어 있다. 「행정기본법」 시행령 제17조 제6항에 따라 정부출연기관(한국법제연구원)이 입법영향분석 관련 조사·연구를 수행할 수 있으므로, 해당 기관 안에 전문 부서를 설치하는 방안도 고려할 수 있다. 입법학 차원뿐만 아니라 입법 내용에 해당하는 정책 분야에 대한 전문지식 또한 입법평가 과정에서 동원할 필요가 있으므로, 이에 대한 자문 구조를 마련하거나 기관 안에 전문가를 채용할 필요도 있다.

둘째, 입법평가를 부분적으로 필수절차화하는 방안도 있다. 다만 의회 밖 입법평가를 전면적으로 필수절차화하는 것이 의회제도와 민주주의에 대한 침해가 될 수 있다는 지적이 있다. 따라서 의회가 수용할 수 있는 범위와 수단 등을 따져, 부분적으로라도 입법평가를 필수절차화(법제화)하는 방안을 고려해야 한다.

셋째, 입법평가 방법과 관련해 경제적 영향분석 방법론을 참조할 필요가 있다. 이는 사회과학적이고 정성적인 영향평가만으로는 입법평가를 실질화하기 어렵기 때문이다. 입법상 조치에서 발생하는 사회경제적 비용과 입법으로 이룰 수 있는 사회경제적 편익을 정량적으로 도출하는 과정이 필요한데, 이를 실체화하려면 편익의 유형에 따른 정량화 방법에 대한 세부지침 연구가 필요하다. 조사연구비용 문제에 대한 이견이 있을 수 있으나, 잘못된 입법으로 지불해야 하는 사회적 비용에 비하면 조사연구비용은 미미한 수준일 것이다. 「행정규제기본법」 시행령 제6조 제1항 규제영향분석의 경우 계량화된 자료를 사용하도록 하고 있다. 정량적 분석과 정성적 분석을 종합한 영향평가 방법론을 구축하는 일도 필수적이다. 특히 '입법에 관한 견해의 불일치를 보여주는 구조' 또한 중요하게 다루어야 할 것이다.[15]

넷째, 사후 입법평가의 확대 및 사후 평가 결과를 앞으로의 입법에 반영하는 구조를 생각볼 수 있다. 의회의 입법권을 침해하지 않는 차원에서 입법평가를 하려면, 사후 입법평가 활성화가 필요하다. 사후 분석은 법률 시행 후 실제 사회 변화를 추적할 수 있다는 점에서 좀 더 정확한 영향평가가 가능하다. 그러나 이미 입법이 이루어진 후에 이루어지는 평가라는 점에서 사후 입법평가 결과를 입법부가 수용할 수 있는 통로를 함께 마련해야 할 것이다.

다섯째, 정책결정과 입법평가의 관계 설정 역시 적절하게 이루어져야 한다. 입법평가를 입법이 지향하는 정책의 타당성에 대한 평가 수단으로 활용할 경우, 민주적 정당성에 위해가 될 수 있다. 선거를 통해 국민의 위임을 받아 구성된 대표자들의 결정을 입법평가라는 이름으로 민주적 정당성이 없는 기관이 뒤집을 수 있는 가능성이 생기기 때문이다. 정책적 타당성 자체에 대한 검증이라기보다는, 정치적으로 합의된 정책 방향을 설정하고 그러한 방향성에 부합하면서 국민의 이익을 해하지 않는 방향으로의 수단에 대한 검증이 되어야 할 것이다.

여섯째로, 민간 차원의 입법평가도 적극 활용할 필요가 있다. 이 차원에서는 종합적인 평가 외에도 심층적인 경제성 분석 등의 영향분석이 이루어질 필요가 있다. 예컨대 소수의 중요 법률에 집중하여 (혹은 특정한 개정 내용) 해당 안이 시행되었을 때의 파급효과를 사회경제적 차원에서 분석하는 방식이다.

마지막으로 참여 제도 확대로 입법 과정의 공정성 관리를 모색할 수 있다. 다만 시민 참여에 대해서는 다음 사항들을 감안해야 한다. 첫째, 각종 규제 입법의 검토 과정에 시민참여절차를 제도화하는 방안이다. 입법절차에서 채택하고 있는 시민참여는, 제도적 차원의 절차 가운데 하나로 정착되어 있기보다는 임의적인 성격이 강하다. 만약 제도적인 주민참여절차를 강제화한다면 입법 초기 단계에서 갈등을 조정하는 실질적인 효과를 거둘 수 있을 것이다. 둘째, 시민 참여를 가능하게 하는 전제 조건으로서의 정보공개 활성화다. 「정보공개법」으로 정보공개가 보장되어 있지만, 적극적 정보공개나 공개된 정보에 대한 접근 가능성에 대한 실질적인 향상이 필요해 보인다. 셋째, 입법에서의 시민참여 준칙 또는 가이드라인을 작성·배포해, 국회 차원에서 시민참여절차를 촉진하는 방안을 생각해 볼 수 있다. 독일에서 진행된 경험적 연구에 따르면 '공공참여가 절차 지연 요인이라는 주장은 잘못'된 것이라고 한다.[16] 사전에 공공참여로 갈등을 조기 발견하고 해결을 활성화하는 첫걸음은, 이처럼 공공참여절차가 입법의 진행에 걸림돌이 된다는 인식을 버리는 것에서부터 시작될 것이다.[17]

주

1 박영도, 『입법평가의 이론과 실제』, 한국법제연구원, 2007, 33쪽 이하.
2 한상우, 강현철, 류철호, 『국민불편 법령 개폐 등을 위한 입법평가 적용에 관한 연구』, 한국법제연구원, 2008, 22쪽.
3 김기표, 「입법영향평가의 명칭과 개념에 관한 비판적 고찰」, 『입법평가연구』 제5호, 2011, 20쪽 이하.
4 차현숙, 「입법과정에서 발생할 수 있는 경솔함을 최소화하고 과학적인 입법을 도모하는 과정」, 한국공법학회 한국법제연구원 공동학술대회 『2010 한국공법학자대회-법제도 선진화를 위한 공법적 과제』 자료집, 2010, 77쪽 이하.
5 실질적으로 헌법 기능을 하는 조약은 '유럽연합조약'과 '유럽연합기능조약'이다. 현재 유효한 조약 가운데 가장 최근의 것은 영국의 EU 탈퇴 효력을 부여하는 조약(Agreement on the withdrawal of the United Kingdom of Great Britain and Northern Ireland from the European Union and the European Atomic Energy Community)이다. 현재 발효 중인 조약 현황은 다음 사이트 참조. Treties currently in force - EUR-Lec; https://eur-lex.europa.eu/collection/eu-law/treaties/treaties-force.html (2025. 10. 27. 최종 접속)
6 EU법의 전체 회원국 내국법에 대한 우위는 적용의 우위에 불과하여, 회원국 국내법이 유럽법에 저촉될 경우 무효가 되는 것이 아니라, 관련 영역에서 적용이 배제된다. 그러나 제1차법은 제2차법에 대해 효력상의 우위를 가진다. Ruffert, in: Calliess/Ruffert, EUV/AEUV 5. Auflage, 2016, AEUV Art. 1, Rn. 18.
7 유럽연합기능조약 제258조에 따라 집행위원회는 조약 위반을 이유로 회원국을 유럽연합사법법원에 제소할 수 있다.
8 이 가이드라인을 비롯한 집행위원회 입법 관련 가이드라인들은 다음 사이트 참조. Better Regulation: Guidelines and Toolbox; https://commission.europa.eu/law/law-making-process/better-regulation/better-regulation-guidelines-and-toolbox_en?prefLang=de (2025. 10. 27. 최종 접속)
9 실제로 EU 배터리지침(Batterierichtlinie 2006/66/EG)의 입법평가과정에서 NiCd 배터리의 폐기물 처리와 관련한 지역 간의 차이가 주요 쟁점으로 부각된 바 있다. Die Bundesregierung, Leitfaden Folgenabschätzung in der Europäischen Union, 2006, S. 24 참조.
10 현재 이 배터리 지침은 EU 회원국과 시민에게 직접 구속력을 갖는 '명령'(Verordnung (EU) 2023/1542)으로 개정된 상태이다. 명령으로 개정이 이루어진 이유는 전체 수명 주기 동안 배터리의 지속 가능한 사용을 위해 유럽에서 통일된 법적 프레임 워크가 필요했기 때문이다. 공급망의 실사 요구 사항, 유해 물질 제한, 배터리 호환성, CO_2 발자국, 재활용품 사용 할당량, 배터리 여권과 같은 제품 설계 요구 사항은 물론 사용한 배터리 수집 및 처리에 대한 규정 등이 포함되어 있다. https://www.bmuv.de/themen/kreislaufwirtschaft/abfallarten-und-abfallstroeme/altbatterien/europaeischerichtlinie-zu-batterien-und-akkumulatoren (2025. 10. 27. 최종 접속)

11 집행위원회의 당시 지침 제정 제안 중 영향평가 결과에 대한 설명 부분 참조. Vorschlag für eine RICHTLINIE DES EUROPÄISCHEN PARLAMENTS UND DES RATES zur Änderung der Richtlinie 2006/66/EG des Europäischen Parlaments und des Rates über Batterien und Akkumulatoren sowie Altbatterien und Altakkumulatoren im Hinblick auf Artikel 6 Absatz 2 über das Inverkehrbringen von Batterien oder Akkumulatoren, S. 3.

12 https://ec.europa.eu/info/law/better-regulation/have-your-say_en (2025. 10. 27. 최종 접속)

13 Verordnung (EU) 2024/1689 des Europäischen Parlaments und des Rates vom 13. Juni 2024 zur Festlegung harmonisierter Vorschriften für künstliche Intelligenz und zur Änderung der Verordnungen (EG) Nr. 300/2008, (EU) Nr. 167/2013, (EU) Nr. 168/2013, (EU) 2018/858, (EU) 2018/1139 und (EU) 2019/2144 sowie der Richtlinien 2014/90/EU, (EU) 2016/797 und (EU) 2020/1828 (Verordnung über künstliche Intelligenz)

14 한인상, 이승만,「입법영향분석제도 및 사례 분석을 통한 새로운 방법론 구상」,『입법과 정책』제16권 제1호, 국회입법조사처, 2024.

15 심우민,「입법학 연구와 입법평가 - 법학과 사회과학 접목의 한계지점 -」,『법학연구』제22권 제호, 연세대학교 법학연구원, 2012, 216쪽 이하.

16 홍준형, 강현호, 정남철,『행정절차법상 계획확정절차 도입의 필요성』,『토지보상법연구』제14집, 2014, 152쪽.

17 선지원,『대형 공공건설사업 추진 시 주민 참여에 대한 소고-독일의 연방고속도로건설 민간투자사업 사례를 중심으로-」,『경제규제와 법』제11권 제1호, 서울대학교 공익법센터, 2018, 152쪽.

chapter 6   계인국 · 고려대학교 행정전문대학원

누가 키를 잡을 것인가
— 플랫폼 자율 규제

한국 사회에서 사적 이익이나 개인적 자유를 앞세우는 것은 성숙하지 못하고, 이기적이며, 심지어 공익에 반하는 것으로 여겨지기도 한다. 자유는 인권의 출발점이며 법 체계에서 정점에 있는 가치 가운데 하나임에도 '자유를 주면 방종할 뿐'이라는 부정적 인식은 규제 현실에서도 크게 다르지 않아 보인다. 그러나 반대로 '내가 누려야 한다.'고 여기는 자유나 사익을 제한한다는 것은 제 아무리 공익적 차원이라도 쉽게 수용되지 않는다. 모순처럼 보이는 이런 현상은 자유나 사적 이익 그 자체를 부정적으로 받아들인다기보다는, 자유의 보장과 사적 이익의 추구 과정에서 형평성이 무너지는 것에 대한 불만이라고 보는 것이 더 적절할 것이다. 사실 이 형평성을 유지하려는 시도 가운데 하나가 바로 규제이다.

그러나 규제는 본질적으로 시민사회에 대한 개입을 뜻하며, 개인의 자유와 대척점에 서곤 한다. 뿐만 아니라 구체적 사안에 따라서는 오히려 규제가 사적 이익 사이의 형평성을 위협하거나 문제를 악화시키기도 한다. 이때 대안으로 제시되는 것이 바로 개인이 자발적으로 사적 이익과 공익의 조화, 형평성과 합리성을 유지하는 규제전략인 자율규제이다.

자율규제는 개인의 사적 이익 추구, 더 넓게는 개인의 자유로운 인격 발현이 가져올 수 있는 문제 상황이나 이해 충돌을 해결하고 조정하려는, 자기책임의 실현이자 자기통제이다. 그렇기 때문에 자율규제를 무조건 부정적으로 또는 긍정적으로 보는 입장 모두, 자율규제를 잘못 인식하고 있거나 심지어 오해하는 것이다. 자율규제를 눈가림용 행태나 담합 정도로 보는 것이나, 반대로 법질서 등과 선을 긋고 완전히 개인의 영역에서만 이뤄지는 자기반성 정도로만 생각하는 것 모두 올바른 이해가 아니다. 자율규제가 개인의 행동을 적절하고도 효과적으로 규제하는 전략으로 기능하려면, 자율규제가 무엇인지 정확하게 이해하는 것이 필요하다.

자율규제의 의미와 기능

자율성과 규제 사이의 긴장관계는 법학은 물론 경제학이나 사회학 등 여러 학문에서 다양하게 발견된다. 그럼에도 이들 가운데 공통된 인식은 존재한다. 즉 자율규제는 타인의 개입에 의한 영향과 통제가 아니라 자기 스스로를 통제하고 조절하는 자기규제(self-regulation)다. 자기규제라고 했을 때 그 의미를 '스스로 통제한다.'는 정도로 단순하게 이해할 경우, 각자의 주관적 관념에 따라 전혀 다른 의미로 해석될 수 있다. 먼저 자율규제에 대한 전형적인 오해를 살펴본 뒤, 자율규제의 배경을 이루는 이론적 논의를 설명하고, 이에 따라 자율규제가 어떤 식으로 구성되어 왔는지 살펴보자.[1]

자율규제에 대한 오해

자율규제를 이해하는 관점에 따라 자율규제에 대한 오해도 여러 가지 양상으로 나타난다. 대표적인 오해 가운데 하나는 자율규제를 무규제로 이해하는 것이다. 이는 규제(regulation)라는 개념을 어떻게 이해하는가에 따른 문제이다. 규제 주체를 국가 및 공권력으로만 이해하는 경우, 사적 주체인 개인이 스스로를 규제하는 것은 무규제인 셈이다. 이때 자율규제를 그 자체로 모순적이라고 보기도 한다. 규제는 국가 등의 권력적 작용에 의해 강제적으로 기능하는 것인데, 이를 자율적으로 한다는 것 자체가 모순이라는 것이다. 한편 자율규제를 특정 시점에 국한한 형태로 이해하기도 한다. 그러나 자기 스스로 규율하고 통제한다는 것은 여러 인간 생활행태의 한 모습이며 법의 원형이라고 할 수도 있다. 법치국가원리가 정착된 현대 헌법국가에서도 자율규제는 개별 사회 영역의 합리성을 반영하는 자기통제 원리로 기능한다. 끝으로 자율규제가 사적 영역에서 형성되고 집행된다는 점에서 공식적인 법질서와 무관하며, 법에 의한 개입이 있어서는 안 된다고 보기도 한다. 이와 같이 '순수'한 의미의 자율규제만으로 범위를 한정해 그 한계를 더욱 강조하거나 범위를 제한하는 것도 올바른 인식은 아니다. 이외에도 자율규제에 대한 여러 형태의 오해가 있지만, 아래에서는 자율규제의 의미를 살펴보면서 사례로 들었던 대표적인 자율규제에 대한 오해에 대해 하나씩 해명해볼 것이다.

자기책임으로서 자율규제

자기책임 자기책임의 원리는 행위자에게 그의 행위와 결과에 상응하는 정도의 책임만 귀속된다는 뜻이다. 그렇다면 자기책임은 언제 발생하는가? 자기책임은 법적 책임에 머무르지 않고 윤리적·도의적 책임에 대해서도 인정된다. 자기책임을 발생시키는 근거와 판단 기준 역시 사회공동체의 질서나 종교적 교리, 윤리, 계약 등 다양하다. 이처럼 자기책임이 반드시 법적 요구사항에 상응하는 책임에만 머무르지 않는다는 것은, 오늘날에도 자기책임에 기초한 자율규제가 여전히 유용할 수 있다는 것을 보여준다.[2] 이른바 신산업 영역이나 플랫폼 경제처럼 기존 법 규정을 곧바로 그리고 직접 적용하기 어렵거나, 규율 대상과 요건이 모호한 경우 또는 애초에 규정 자체가 없는 경우라도 자기책임을 인정하고 이에 따라 행동할 수 있다는 것이다. 이러한 자기책임의 독자적·병렬적 인정 가능성은 자율규제가 반드시 규제회피나 약한 규제만을 뜻하지 않음을 보여주는 것이기도 하다.

자기책임의 귀속 책임이 귀속된다는 것은 책임이 발생한 뒤 '누가', '무엇에 대해', '어느 정도'로 그에 따른 책임을 지느냐의 문제이다. 법적 책임은 법 집행기관에서 진행하는 정형적인 절차에 따라 책임귀속을 정하고 이행하도록 하므로, 책임의 주체는 물론 책임이행의 수단, 상대방이 한정된다. 반면 자기책임은 분쟁의 직접 당사자나 이해관계자 외의 제3자나 사회공동체 등으로 책임이 확대될 수 있고, 집행기관 또한 반드시 국가 법집행기관을 전제하지 않는다.[3] 법적 책임은 발생한 책임을 명확히 귀속시키는 동시에 한정하는 역할도 수행한다. 따라서 법적 책임은 대체로 정형적이며, 범위나 대상이 엄격하게 정해져야 한다. 즉 법적 책임에서는 주체나 대상을 유연하게 확장하기 힘들다. 또한 법적으로 정해진 책임의 이행수단 이외에 다른 방안을 임의로 투입하는 데 제약이 따를 수밖에 없다. 결과적으로 문제 해결, 특히 분쟁 해결에 여러 수단을 활용하거나, 유연한 협상 시도, 회복적 정의 모색 등에 한계가 있다. 그러나 자기책임은 법적 책임으로 다루기 힘들거나 적절하지 않은 비정형적인 문제에 더 다양한 수단을 투입할 수 있고 책임 주체 및 대상의 확장에 기여할 수 있다. 이러한 모습은 자율규제의 이념을 공유하는 대체적 분쟁해결(alternative dispute resolution, ADR)에서 자주 발견된다.[4]

자기통제로서 자율규제
자율규제를 규제회피나 담합 정도로 여기는 것은, 자율규제가 자기책임이므로 사적 이익 추구 앞에서 무력할 것이라는 의심과 걱정 때문이다. 즉 사적 이익을 극대화하기 위해 사업자들이 불리한 것은 회피해버리거나 사업자들끼리 자율규제라는 명목으로 크게 부담되지 않는 정도의 규제만을 형식적으로 실시할 것이라는 예측이다. 그러나 사적 이익의 극대화는 자율규제에서 오히려 더 구체적이고 세부적이 되며, 경우에 따라 법적 규제보다 더 강력한 규제가 될 수 있는 동인이 된다.

사적 이익의 보호와 실현 자율규제는 타인은 물론 자기의 이익을 위해서도 법이나 사회적 질서를 좀 더 구체화하거나, 스스로 기준을 수립하여 자기통제를 실천한다. 자기통제로서 자율규제의 의미는 첫째, '타인에게 피해를 끼쳐서는 안 된다.'는 관념에 따라 타인의 이익을 보호함은 물론, 행위자에게 법적·사회적·윤리적 책임이 발생하는 것을 예방해 간접적으로 자기이익에 부합한다는 것이다. 둘째, 자기통제를 위한 자율규제는 기존 법질서를 지키는 것은 물론이고, 자기통제를 위한 기준을 스스로 수립하고 또한 집행한다는 뜻이기도 하다.[5]

집단적 자기통제 - 자율규제의 연대성 사적 이익의 보호와 실현을 위해 수립된 개별적 질서는 점차 집단적 자기통제의 질서로 확장된다. 이 한가운데에 사회적 연대성이 자리한다. 크고 작은 구성원 집단들이 추구하는 사적 이익은 구성원 단독 간의 이익 차이를 가져오는 데에 머무르기도 하지만, 경우에 따라서는 어떤 구성원의 사적 이익 추구행위가 구성원 전체가 속한 사회 전체의 이익이나 심지어 존립 자체에 영향을 줄 수도 있다. 예를 들어 사업자 단체에 속한 특정 사업자의 행위가 해당 산업계 전체에 부정적 영향을 미치고, 이로 인해 산업계 전체가 위기를 맞는 경우를 들어볼 수 있다. 이런 일을 막으려고 자율규제는 법적 규제가 없더라도 (또는 이미 있더라도) 더 구체적이고 때로는 더 강력한 자발적인 규제로 연대적 이익을 실현한다. 이 연대적 이익은 개별 참여자들의 사적 이익을 도모한다는 것을 이해하고 합의한 결과다. 집단적 질서로서 자율규제는 연대적 이익에 반하거나 자체적 규칙을 어기는 경우, 집단 또는 단체의 질서에 따른 통제를 감수하기로 개인이 미리 합의하는 집단적 자기통제 원리다.[6]

기본권의 행사로서 자율규제

자기책임과 자기통제의 출발은 결국 개인의 자유로운 판단이다. 그런데 개인은 이성적으로 판단할 수 있는가? 비록 완벽한 인간을 전제하는 것은 아니지만, 적어도 근대 이후 법학은 존엄한 인간이 이성적 존재로 발전해가는 과정을 보장하고, 이성적 존재로서 인간이 스스로 자유로운 결정을 내릴 권리를 보장한다. 자기 행동을 책임지고 통제하는 이성능력의 자유로운 사용이 자율성이며, 자율성이 보장되어야만 인간은 스스로를 존엄한 존재로서 만들어갈 수 있는 것이다. 따라서 개인이 자신을 형성하고 발전해가는 과정에서 자율성이 최대로 보장되어야 한다. 이를 기본권 이론에 대입해보면 자율규제는 자기이익을 위해 자신의 행위 영역을 스스로 결정하고 행동하는 자유권 행사다.[7] 자기통제라고 해도 자율규제는 어디까지나 기본권적으로 보호되는 기본권자의 행위이며 원칙적으로 최대한 보장되어야만 한다.

자율규제가 기본권의 행사라는 점은 자율규제와 공익의 형량에서 중요한 시사점을 던져준다. 자율규제가 기본권적 자유권 행사라면, 처음부터 특정 공익을 위해 실시되는 것이 아니며 더더욱 이에 대한 의무를 지지 않음이 원칙이다.[8] 즉 자율규제 이행이 공익에 기여하고 조화를 이루는 것은, 어디까지나 개별적 및 집단적 질서로서 자율규제가 자기책임과 자기통제의 원리를 실현한 결과라는 것이다. 이 결과는 앞서 나온 자율규제의 연대적 관점에서의 사적 이익 추구를 뜻한다.

규제실패의 대안으로서 자율규제

개입적·규제적 법의 시대 자율규제, 더 나아가 사적 이익 추구가 부정적으로 여겨지는 이유 가운데 하나는 과도한 사적 이익 추구가 가져오는 각종 부작용이다. 대표적으로 불완전경쟁이나 외부효과는 시장실패(market failure)의 원인이 된다. 이를 해결하기 위해 국가는 경제규제(economic regulation)를 통해 시장에 개입한다. 오늘날 법학은 물론 여러 사회과학 분야에서 쓰이는 '국가의 사회에 대한 개입작용 전반'이라는 규제의 개념은 바로 이 경제규제, 특히 미국에서 시작된 경제규제의 영향을 받은 것이다.[9]

20세기 들어 실질적 정의를 강조하는 사회적 법치국가 또는 사회국가 원리가 강조되면서, 국가는 더 많은 사회적 문제에 개입하게 되었고 결과적으로 더 많은 규제가 필요하다고 여기게 되었다. 민주적 법치국가에서 입법자가 제정한 법에 근거한 규제가 사회적 법치국가 또는 복지국가를 성공적으로 실현해나갈 것이라는 기대는, 20세기 중반 서구 복지국가를 중심으로 널리 확산되었다.

복지국가의 위기 - 규제적 법의 실패 그러나 이러한 낙관적 기대는 오래지 않아 위기를 맞았다. 개입적·규제적 법[10]은 입법자가 의도한 사회적 정의와 공동선만을 목적으로 하고, 입법자의 논리만을 기계적으로 따랐기 때문에 문제점을 충분히 따져보지 못했던 것이다. 입법자가 민주적 정당성만을 강조할 뿐, 구체적이고 실제적인 문제점을 충분히 파악하지 못하는 경우,[11] 규제실패의 가능성이 크게 늘어나지만 이에 대한 실질적인 책임 소재는 불분명해진다.

뿐만 아니라 이러한 개입적 사고는 사회가 스스로 문제를 해결할 능력을 규제적 법에 종속시켜 사회를 수동적으로 바꿔버리고 만다. 사회문제를 통제하고 조종하던 자발적인 사회 질서, 즉 자율규제는 국가의 조종 대상으로 전락하고[12] 오히려 부정적으로 이해된다. 법이 정한 규제가 사회가 가진 독자적인 행동 가능성과 문제해결능력을 무너뜨리고 '식민지화'[13]하면 법을 집행하는 공무원들이나 사회 스스로도, 법이 정해주지 않으면 조금도 움직이지 않는다. 이에 따라 더 많은 법과 규제가 요구된다. 그러나 법은 만능이 아니므로 법과 규제의 실패가 늘어난다. 이에 따라 사회는 법과 규제를 불신하면서도 법 없이 움직이지 않는다. 자율규제로 문제를 해결할 수 있더라도 자칫 위법 리스크를 떠안을 수 있기 때문이다. 심지어 법이 만들어져도 구체적 사례 하나하나까지 정해줄 가이드라인이 없으면 그 법조차 이행하기를 꺼린다.

이렇게 문제를 해결하지도 못하면서 사회의 문제해결능력은 실종되어버리고, 법의 실효성과 신뢰가 함께 추락하는 '규제의 트릴레마'[14]는 복지국가의 규제적 법이 가져온 문제다. 이른바 '복지국가의 위기'는 단순히 국가 재정의 문제가 아니라 사회체계의 식민지화와 자기책임의 붕괴라는 더 중대하고 본질적인 문제라고 할 수 있다. 개인의 자유를 중시하는 현대 헌법국가 이념의 전제가 되는 사적 영역의 장기적인 파괴를 가져오기 때문이다. 결국 복지국가를 이상적 모델로 여기던 서구 사회에서도 국가개입의 근거인 공익 추구가 사적 이익의 추구에 의한 사회의 고유한 합리성을 벗어나 생각할 수 없다는 것을 깨닫게 된다.

대안적 논의 - 반성적 법 규제적 법의 과잉법제화, 개별 사회 체계의 고유한 합리성 파괴 및 종속 문제를 해결하기 위해 다양한 방안이 제시되었다. 먼저 복지국가 이전의 국가상인 '작은 국가'로 돌아가는 방법이 등장한다. 그러나 국가 개입을 단순히 양적으로 축소한다는 회귀적 방안은 본질적인 해결책이 될 수 없다.

규제적 법의 대안으로 제시된 논의 가운데 주목할 만한 것으로 귄터 토이브너(Günther Teubner)가 제안한 '반성적 법(reflexives Recht)'이 있다. 반성적 법은 니클라스 루만(Niklas Luhmann)의 체계이론을 바탕으로 하여, 법이라는 체계가 다른 체계보다 절대적인 우위에 서는 것을 반대하고, 사회체계의 자율성과 자율규제의 조종을 강조한다. 반성적 법이 제시한 대안은 국가나 규제기관, 그리고 법이 사회의 모든 문제를 해결하려는 시도가 아니라, 각 부분의 자율적인 문제해결능력을 극대화하려는 노력이며, 동시에 현대 사회에서 국가가 각 사회 영역의 고유한 합리성과 문제해결능력을 신뢰하며 도구화해 분업적이고 협력적으로 공동선을 실현하려는 전략이기도 하다.

규제전략의 다원화 복지국가의 위기와 규제적 법의 실패에 대한 대안으로서 반성적 법은, 단순하게 규제를 양적으로 줄이거나 기존 국가의 규제임무를 사회 영역에 단순 이전시키는 것을 뜻하지 않는다. 반성적 법은 복지국가의 적극적인 개입이나 이를 통한 국가의 사회에 대한 직접적이고 결과지향적인 영향력 행사와 달리 자율성을 강조한다. 그리고 이 자율성은 회귀적으로 국가의 불개입을 선언하지는 않지만, 결과를 사전에 확정적인 목표로 규정하거나 그 결과 자체에 대해 책임을 지는 것도 아니다. 오히려 사회의 자율적 문제해결능력을 신뢰하고 보장하되 행위에 대한 절차와 조직상의 전제조건을 설정하는 식으로 자율성의 가능성을 보장하고 그 잠재력을 촉진하는 이른바 '규제적 자율성(regulierte autonomie)'[15]을 의미한다.[16]

현대의 자율규제는 국가의 개입이나 법적 조건과 완전히 단절된 '순수한' 자율규제만을 염두에 두지 않는다. 즉 법이 사회 체계에 직접적으로 영향을 미치고 개입하기 위한 목표나 집행하는 수단을 미리 정하는 것은 아니지만, 국가와 사회가 각자의 규제전략을 채택하는 것도 아니라는 것이다. 사회 체계는 기본적으로 문제를 스스로 해결해야 하지만 이를 위한 기본적인 프레임은 법이 제공하며 간접적으로 체계에 영향을 미친다는 협력적이고 다원적인 공동선의 실현방식을 구상하는 것이다. 규제와 자율규제는 선택적인 것이 아니라 때로는 병렬적으로, 때로는 상호보충적으로 기능한다.

자율규제의 진화 - 규제적 자율규제

규제적 자율규제는 자율규제가 일정한 (법적) 규제로 행해진다는 뜻이지만, 자율규제를 감독 또는 통제한다는 차원을 넘어선다. 규제적 자율규제는 원칙적으로 자율규제다. 그러므로 애초에 특정 공익을 위한 규제전략이 아니라 연대적 이익의 보장으로 사적 이익을 추구하는 것이다. 그러나 규제적 자율규제는 자율적인 사회의 동력을 이용하면서도 특정 공동선을 사전적으로 정해두고 그 방향성을 계속 지향한다는 점에서 '순수한 자율규제'와 구별된다. 주의할 것은 사전에 공동선, 공익 목적을 정해둔다는 것은 국가와 법에 의한 자율규제의 통제나 감시 또는 자율규제로 '위장된 규제'라는 게 아니라, 국가와 사회 체계 사이의 소통과 협의가 법적 조종과 병렬적으로 연결된다는 의미이다. 즉 규제적 자율규제는 법적 조종의 서열적이고 수직적인 성격과 자율규제의 협의적이고 수평적 성격 사이의 교차를 형성한다.[17]

규제적 자율규제는 원칙적으로 자율규제이므로 강제적인 명령이나 금지와 같은 수단보다는, 우선적으로 여러 사회적 문제해결 수단들을 투입할 것을 강조한다. 다만 그 출발점에서 국가의 개입으로 규제권한이나 절차 등이 제공되거나 자체적인 제도설계에 영향을 받게 된다. 이를 위해 국가는 자율규제 수행자에게 조직권한, 결정권한, 이행권한을 부분적으로 넘겨주지만, 그에 앞서 국가, 사회와 내용적인 협력을 구성하도록 한다. 중요한 것은 이러한 협력이 입법자에 의해 일방적으로 정해지는 것이 아니라, 기본권자인 자율규제 기구의 자유권 행사의 결과로서 나타난다는 점이다. 자율규제는 어디까지나 기본권자인 자율규제자 또는 자율규제 기구의 자유권 행사이지 자율규제 기구를 기본권 수범자로 만드는 것이 아니라는 점에 유의할 필요가 있다. 즉 출발과 지향점을 국가 개입으로 달성할 뿐 내용이나 성격 및 수단은 자율규제이며, 특히 국가는 자율규제의 결과를 원칙적으로 수용해야 한다.[18]

플랫폼 자율규제의 필요성

플랫폼 경제의 특성

플랫폼 경제는 기존 산업체계에서 볼 때 새로운 모델이면서도 기존 산업체계의 가치를 혼합하여 두루 포괄하기에 명확하게 정의하기 쉽지 않다. 플랫폼 규제가 난관에 부딪히게 된 본질적인 이유는 플랫폼 자체를 정의하기 어렵다는 점 때문이다. 기존 경쟁법이나 소비자법, 데이터법 등이 전제해왔던 범주나 기준이 플랫폼에서는 통용되지 않는 경우가 있다. 즉 '플랫폼 경제가 기존 경제

체계와 다르다.'는 문제가 있는 것이다. 플랫폼 경제는 기존의 거래 방식과 이에 대한 법적 규제를 상당 부분 재편하고 있으며, 따라서 오프라인 세계와 아날로그 시대에 맞춰진 기존 법적 규제가 온라인과 디지털을 바탕으로 하는 플랫폼 경제를 규제하려면 새로운 방향성이 필요하다. 무엇보다 기존 아날로그 세계에서 필요했던 규제가 디지털 세계에서도 여전히 필요한 규제일까? 무엇 때문에, 누구를 규제할 것인가가 명확하지 않다는 것은 규제입법의 출발점에서부터 강력한 문제에 부딪힐 수밖에 없다.

플랫폼을 정확하게 정의하기도 어렵지만 그와 별개로 새로운 경제적 변화 상황에 대처하기 위한 새로운 규제 모델이 필요하다고 생각해볼 수는 있다. 거대 플랫폼 기업의 영향력 또한 가시화되어가는 중이다. 이러한 이유로 플랫폼 규제를 강화하기 위해 플랫폼 규제에 대한 새로운 입법이 필요하다는 것이 지금까지 일관된 정부 입장이라고 볼 수 있다. 그렇다보니 해외의 규제 논의가 매우 빠르게 소개되고 도입이 주장되고는 한다. 심지어 해외 규제 입법안을 심층적으로 분석하지 않은 채 표면적 논의만을 가져와 도입을 주장할 정도로 해외의 규제 논의는 강력한 논거가 된다.

그러나 해외의 플랫폼 규제 논의가 명확하게 정리되어 있는 것은 아니다. 게다가 EU와 미국, 동아시아 국가와 한국에서의 논의는 각각 다른 정치적·경제적 배경, 서로 다른 규제전략, 적용 가능한 규칙의 차이 등으로 인해 상당한 규제 불확실성을 보여준다.[19] 정의상의 난맥과 규제 불확실성을 외면하고 규제입법에 나서는 경우 첫째, 플랫폼 혁신을 저해할 것이며, 둘째, 규제 불확실성으로 인해 국내 사업자 역차별이 심화될 우려가 있으며, 셋째, 실제 규제 필요성과 동떨어진 입법이 될 수 있다. 기존에 발의된 플랫폼 규제 법안들은 이러한 문제를 전반적으로 공유한다. 플랫폼을 정의함에 있어서는 수범 대상을 처분적 법률에 가까운 수준으로 지목하고 있지만, 정작 플랫폼 자체의 정의가 여전히 불확실하다. 규제 수단이 규제 목적을 달성하는 데 적절한 것인지, 집행 가능성이 있는 것인지에 대해 긍정적 평가만을 내리기도 쉽지 않아 보인다. 특히 자국 내 플랫폼 사업자를 보유하지 않은 국가의 규제 논의를 국내에 도입함에 있어서는 충분한 합의와 토론이 있었는지, 이러한 논의가 현재의 플랫폼 규제 입법 논의에서 적절히 반영되었는지에 대해서도 질문할 필요가 있다.

특히 주의할 점은, 플랫폼 규제론에서 반복적으로 인용해온 EU의 플랫폼 정책이 실제로 강력하고 일방적인 규제 일변도인가 이다. 유럽 의회는 2016년 "기존 온라인 플랫폼의 유형과 활동 영역의 다양성, 그리고 디지털 세계의 빠르게 변화하는 환경 등의 요인으로 인해 온라인 플랫폼에 대한 단일하고 법적으로 관련성 있으며 미래 지향적인 정의에 도달하는 것은 매우 어려울 것"이라고 하고 "온라인 플랫폼은 문제 중심적 접근법을 따라 그들의 특성, 분류 및 원칙에 따라 EU 차원의 관련 부문별 법률에서 구별되고 정의되어야" 할 것이며 "이해관계자 협의 및 영향 평가 수행"과 규제자의 지속적이고 협력적인 작업이 필요함을 강조했다.[20] 마찬가지로 EU 이사회는 유럽 디지털 어젠다의 일환으로 온라인 플랫폼과 디지털 단일 시장에 관한 커뮤니케이션을 발표하면서 플랫폼 경제의 특성을 수용하는 규제 모델의 창설을 제안하였다. 핵심적인 내용은 아직 불명확성이 많은 온라인 플랫폼에 일반법을 성급하게 적용하기보다는 전통적인 통신 서비스의 부분적 규제 완화를 진전시키고 자율규제에 의존한다는 것이었다.[21] 따라서 기존 법개념을 디지털 세계에 단순 적용하거나 또는 무리하게 확장시키려는 시도를 늘 주의해야 한다. 결국 일정한 공백기 또는 과도기에 국가의 법과 자율규제 사이의 분업적·협력적 관계설정이 요청된다.

전략적 유용성

플랫폼 규제에서 자율규제 전략이 주목받는 이유는, 단지 플랫폼의 정의나 플랫폼 경제의 특성을 명확히 하기 어렵기 때문만은 아니다. 오히려 플랫폼 거버넌스가 자체적인 문제해결능력과 자율적 규칙제정에 적합한 구조이기 때문이다.

다면적 문제해결능력 대표적인 예로 플랫폼 내의 평판 프레임워크(reputational frameworks)를 들어볼 수 있다. 온라인 플랫폼의 평판 프레임워크는 시장의 조건에 대한 분석과 품질 준수 및 개선, 플랫폼 내의 분쟁해결에 새로운 방향성을 제시하면서, 아날로그적인 규제로부터 어느 정도 거리를 두고 있는, 이른바 탈규제적(post regulatory) 메커니즘으로 평가된다.[22] 평판 프레임워크는 플랫폼 사업자와 소비자 사이의 관계를 넘어 품질 준수나 분쟁 해결에 있어 다면적인 관계를 형성하며 동료평가(peer review)의 성격을 가진다. 어떤 면에서 자발적 질서 형성이며 다중심적 공동규제로, 더 많은 이해관계자를 참여시키는 동시에 참여자들에게 강력한 영향력을 미치는 자율규제로 작동한다.

그러나 평판 프레임워크에서는 절차의 보장, 유지 및 집행의 문제와 같은 제도적 흠결 문제가 발생할 수 있다. 이른바 '순수한' 자율규제에서 문제될 수 있는 제도적 흠결을 막기 위해 국제표준화기구(ISO)는 온라인 평판에 대한 표준을 마련하였는데, 이 표준의 목표는 사용자 생성 콘텐츠에서 파생된 서비스나 재화를 제공하는 조직이나 개인의 온라인 평판과 관련된 방법, 도구, 과정, 측정 및 모범 사례를 표준화하는 것이다(ISO/TC 290). ISO는 초국가적 거버넌스지만 동시에 특정 국가의 규제관할로부터 벗어난 전형적인 자율규제 기구로, 국제표준과 개별 플랫폼의 기준 및 절차가 고려된 평판 프레임워크는 세분화된 탈중심적 자율규제라 할 수 있다.

플랫폼은 애초에 P2P, B2B, P2B 등 다면적인 관계형성으로 작동하고, 다시 이 다양한 관계가 플랫폼의 영역, 해당 플랫폼의 비즈니스 모델에 따라 각각 다르게 나타난다. 복잡한 플랫폼 생태계를 단번에 포괄적으로 규율하려는 입법 모델은, 적어도 지금까지는 상상하기 힘들다. 그럼에도 단번에 그리고 강력하게 규제하겠다는 규제욕구는 플랫폼 산업에서의 규제목적을 달성하지도, 혁신을 달성하지도 못한다.

규제복잡성과 정보비대칭성의 극복 플랫폼 경제 및 생태계에는 기존 경쟁법으로 대응할 수 있는 영역과 그렇지 않은 영역이 섞여 있다. 뿐만 아니라 영역별로 플랫폼의 다양성이 나타나며 또한 이들의 혼합이 이뤄지고 있어 기존 경쟁법으로 플랫폼의 특성을 일의적으로 규율할 수 있는 법적 구조는 아직 형성 단계에 있다고 할 것이다. 이런 상황에서 몇몇 플랫폼의 특성만으로 플랫폼을 포괄적으로 규제하는 입법을 한다는 것은 적절치 않다. 그러나 이런 과도기적 문제를 순수한 자율규제에만 맡겨둔다는 것도 문제가 될 수 있다. 대표적으로 플랫폼에서의 정보비대칭성과 데이터 불균형 문제가 있다. 플랫폼 규제를 지지하는 입장에서 특히 강조하는 부분은 플랫폼 사업자들이 입점 업체나 최종 이용자의 데이터를 대량으로 보유한다는 점이다. 이는 플랫폼 생태계의 특성이지만, 동시에 규제 필요성을 역설할 수 있는 부분이기도 하다. 그러나 문제는 규제 가능성과 실효성이다. 규제복잡성에 더해 정보비대칭성은 규제 실패 가능성을 높이게 된다. 그렇다고 플랫폼의 데이터 활용을 막거나 데이터 처리 방식과 결과를 규제한다면, 플랫폼 산업 자체를 파괴하거나 나아가 기본권 침해가 될 수도 있다. 이러한 방안은 지속 가능한 플랫폼 규제정책이 될 수 없다.

규제복잡성이나 정보비대칭성을 해소하는 데 유용한 규제전략은 규제적 자율규제이다. 먼저 규제적 자율규제는 사전에 일의적으로 정해진 규제전략이 아니라 자율규제의 탄력성과 지속적인 합의로 진화한다. 이러한 규제전략은 플랫폼 산업처럼 불확실성이 계속 늘어나면서 일의적 문제해결 방안이 충분히 작동하지 않는 경우에 유용하다. 또한 같은 규제수단이더라도 그 수준이나 빈도 등을 유동적으로 정하면서 좀 더 합리적인 규제결과를 모색할 수 있다. 규제적 자율규제에서는 학습능력이 매우 강조된다. 불확실성을 수용하고 사례에 따라 적응하도록 하는 파일럿 프로그램이나 시나리오 규제는 더 합리적인 규제로 나아간다. 즉 규제적 자율규제는 기준과 절차, 수단의 설정에서부터 이들의 반복적이고 지속적인 평가와 개선에 적합하다.

대표적인 예로 에어비앤비(Airbnb) 협정을 들 수 있다. 에어비앤비는 네덜란드 암스테르담 전체 주택 목록이 60일 이상 공유되지 않도록 보장하는 자동 제한을 도입하는 '책임감 있는 홈셰어링 촉진'을 위해 설계된 양해각서에 서명했고, 이후 런던 등 다른 유럽의 도시에서는 90일 기간에 의한 모델이 다수 채택되기도 했다.[23] 이들 도시들은 에어비앤비와 협력하면서 홈셰어링 규칙에 대한 더 스마트한 의사결정을 가능하게 하는 데이터를 지역 정책 입안자들에게 제공해 더 나은 자율규제 또는 규제 모델을 만들어가는 데 기여한다는 것을 인정하고 있다. 플랫폼을 규제에 참여시키는 핵심적 논거가, 플랫폼 기업의 참여로 많은 규제목표를 효율적으로 달성할 수 있기 때문이라는 점이다.[24]

결론

헌법은 인간에 대한 신뢰와 불신을 모두 가지고 있다. 특정인, 특히 권력을 가진 자의 결정이 항상 올바르고 정의로울 수는 없다는 불신은 국가권력을 한정하고 통제하는 법치주의 원리, 민주주의 원리로 나타난다. 반면 인간에 대한 신뢰는 인간이 존엄하며, 존엄한 인간이 자유롭게 이성을 활용하여 그의 인격을 발현시키고 그에 따라 결정하고 행동하는 것을 존중하고 보장하는 것으로 나타난다. 이것이 바로 헌법의 중추적 내용인 기본권이며 국가의 존재 이유는 바로 이 국민의 기본권을 보장하는 데에 있다.

개인은 자신의 권리와 이익을 위해 자유롭게 결정하고 행동하나 때로는 그 자유를 위해 스스로 제어하고 통제하며 자발적 질서를 만들어 준수하기도 한다. 이것이 바로 자율규제의 출발점이다. 자유를 위해 스스로 책임을 지고 공동체 안에서 연대하며 자발적인 질서를 약속하고 집행하는 자율규제는 헌법이 표상하는 인간에 대한 신뢰의 관점에 서 있다. 개인의 자유를 규제하는 권력은 끊임없이 감시받고 한정되어야 하겠지만, 개인의 자기책임과 자기통제, 자율적 질서 의지는 기본권적 자유의 문제로 오히려 더욱 존중받고 신뢰받아야 한다. 자율규제가 그저 규제의 회피나 이기주의적 사고에 불과한 것이 아니라, 오히려 헌법이 보장하는 기본권, 그리고 그 기본권을 누리는 인간에 대한 신뢰에서 출발하는 질서임을 이해할 때, 자율규제는 현대 사회에서 더욱 유용하게 기능하는 행동전략이 될 수 있을 것이다.

주

1 이하의 내용은 계인국, 「개인정보 보호법에서 자율규제의 의미와 기능-자율규제단체의 자율규약을 대상으로-」, 『공법연구』 제53집 제2호, 2024.12., 305쪽 이하의 내용을 정리한 것이다.
2 계인국, 위의 글, 305쪽, 309쪽.
3 T. Bile, *Selbstverantwortung und Selbstregulierung nach Datenschutz-Grundverordnung*, Kassel university press, 2022.
4 계인국, 앞의 글, 305쪽.
5 이러한 점에서 자율규제는 개별적 질서의 의미를 가지는 동시에 단순한 준법의무나 준법의지를 넘어선다. 계인국, 「현대 규제법 이론의 배경으로서 반성적 법의 의미와 영향-자율규제와 규제적 자율규제를 중심으로-」, 『유럽헌법연구』 제45호, 2024, 298쪽 이하.
6 이는 법이 등장한 과정이기도 하다. 사회적 연대성 가운데 사적 이익이 추구되고 실현되는 자율규제의 메커니즘을 부정한다는 것은, 애초에 모든 사적 질서와 여기서 출발한 법적 질서를 부정하는 것과 다르지 않다.
7 계인국, 「개인정보 보호법에서 자율규제의 의미와 기능-자율규제단체의 자율규약을 대상으로-」, 『공법연구』 제53집 제2호, 2024, 305쪽, 312쪽.
8 헌법상 기본권자인 국민은 기본권을 누리는 자로서 그 기본권이 다른 사람의 권리나 이익을 침해하지 않는 한도에서 기본권 행사가 제한될 수 있을 뿐이다. 즉 국민은 그의 기본권 행사를 통해 공동선 산출에 협력하지만 동시에 기본권행사란 점에서 공동선을 위한 어떠한 강제적 의무를 부담하진 않는다. 기본권을 보장하고 지킬 의무, 즉 기본권수범자는 국민이 아니라 어디까지나 국가이다. 공동선의 본질적인 부분은 자유권적 기본권의 보장과 그 영역에서의 사실적으로 보장되는 경쟁을 통해 실현되는 것이다. G. F. Schuppert, *Möglichkeiten und Grenzen der Privatisierung von Gemeinwohlvorsorge*, pp. 269-281; P. Kirchhof, *Das Wettbewerb als Teil einer folgerichtigen und widerspruchfreien Gesamtrechtsordnung*, pp. 1-3.
9 Kay, Inkook, *Regulierung als Erscheinungsform der Gewährleistungsverwaltung*; Peter Lang GmbH, Internationaler Verlag der Wissenschaften, 2013; 계인국 외, 「규제개혁과 사법심사에 관한 연구」, 『사법정책연구원』, 2017.
10 개입적 법(interventionistisches Recht)과 규제적 법(regulatives Recht)에 대해서는 각각 계인국, 「현대 규제법 이론의 배경으로서 반성적 법의 의미와 영향-자율규제와 규제적 자율규제를 중심으로-」, 『유럽헌법연구』 제45호, 2024, 271쪽, 278면; 계인국, 「보장국가의 작용형식으로서 규제」, 『공법연구』 제41집 제4호, 2012, 155쪽, 163쪽 이하.
11 계인국, 「사회적 안전보장에 대한 국가론의 역할」, 『공법연구』 제51집 제3호, 2023, 157쪽 이하.
12 D. Grimm, Der Wandel der Staatsaufgaben und die Krise des Rechtsstaat, in: ders. (Hrsg.), Wachsende Staatsaufgaben-sinkende Steuerungsfähigkeit des Rechts, S. 291 (297). 계인국, 위의 글, 143쪽, 157쪽.
13 J. Habermas, *Theorie des kommunikativen Handelns*, Bd. II., S. 522

14 규제적 법이 야기한 문제상황으로서 규제의 트릴렘마에 대해 자세한 것은, 계인국, 「현대 규제법 이론의 배경으로서 반성적 법의 의미와 영향-자율규제와 규제적 자율규제를 중심으로-」, 『유럽헌법연구』 제45호, 2024, 271쪽, 280쪽 이하.
15 G. Teubner, Reflexives Recht, S. 13 (26).
16 계인국, 앞의 글, 271쪽, 287쪽 이하.
17 F. Becker, *Kooperative und konsensuale Strukturen in der Normsetzung*, S. 36.; 계인국, 「현대 규제법 이론의 배경으로서 반성적 법의 의미와 영향-자율규제와 규제적 자율규제를 중심으로-」, 『유럽헌법연구』 제45호, 2024, 271쪽, 302쪽 이하.
18 이상의 내용은 계인국, 위의 글, 271쪽, 303쪽 이하.
19 EU의 경우 회원국 간의 적용 가능한 법령의 차이로 인해 EU 집행위원회로 하여금 "온라인과 오프라인 세계 간의 규제 차이에 주목하고, 각 영역의 특수성, 사회의 진화, 더 많은 투명성과 법적 확실성의 필요성, 혁신을 저해하지 않을 필요성을 고려하여 필요하고 가능한 경우 온라인과 오프라인의 비교 가능한 서비스에 대한 공평한 경쟁의 장을 조성하도록 요구"하였다. European Parliament, REPORT on online platforms and the digital single market 31.5.2017 - (2016/2276(INI)), 31.
20 European Parliament, REPORT on online platforms and the digital single market 31.5.2017 - (2016/2276(INI)); https://www.europarl.europa.eu/doceo/document/A-8-2017-0204_EN.html?redirect
21 European Commission, 'Communication on Online Platforms and the Digital Single Market Opportunities and Challenges for Europe' COM (2016) 288 final; https://eur-lex.europa.eu/legal-content/EN/TXT/?uri=celex:52016DC0288
22 M. C. Gamito, 'REGULATION.COM. SELF-REGULATION AND CONTRACT GOVERNANCE IN THE PLATFORM ECONOMY: A RESEARCH AGENDA', *European Journal of Legal Studies* Vol 9 No.2, p. 60.
23 M. Finck, 'Digital Regulation: Designing a Supranational Legal Framework for the Platform Economy', *LSE Law, Society and Economy Working Papers*, 2017, p. 17.
24 M. Finck, Ibid, p. 17.

chapter 7　　　　　　　　　엄영호 · 동의대학교 소방방재행정학과

쉽게, 정확하게 그리고 예측할 수 있게
– 플랫폼 규제 설계의 조건

플랫폼 시장에서 이런 일들이 벌어지고 있다고 가정해보자.

A. 밤 11시, 배달 앱 라이더가 마지막 호출을 받음. 내일 평점을 생각해서 정시 도착 시간에 맞추고, 안전 점수가 떨어지지 않도록 속도 조절.

B. 밤 11시, 배달 앱 라이더가 마지막 호출을 놓침. 새로 생긴 복잡한 응답 절차 때문에 매칭이 늦어짐.

C. 새벽 1시, 숙박 플랫폼 호스트가 새 예약 문의에 답변. 응답률·후기와 투명한 환불·가격 안내로 노출 순위 예측 가능.

D. 새벽 1시, 숙박 플랫폼 호스트는 빈방이 있어도 예약 거절. 획일적인 가격·노출 제한이 상황별 조정을 막아 공실 발생.

E. 아침 8시, 온라인 마켓 판매자가 신제품 실험 시작. 명확한 표시 기준과 예측 가능한 벌점, 전환율·재구매율 신호가 상단 노출 결정.

F. 아침 8시, 온라인 마켓 판매자가 광고 축소. 애매한 표시 의무와 불투명한 벌점 규칙이 새로운 시도 위축.

무엇이 이런 차이를 만드는 것일까? 핵심은 절차가 많고 적음이 아니라 신호와 보상을 어떻게 설계하느냐이다.〈그림 7_1〉

우리는 어떻게 라이더, 호스트, 판매자, 이용자가 플랫폼에서 더 공정하게 공존하게 할 수 있을까? 우리는 어떻게 플랫폼을 투명하게 만들 수 있을까? 앞의 가정들은 단순한 것이었지만 생각보다 명확하다. 규제는 중요한 정책 수단이자 사회 전체의 비용과 편익을 만들어내는 공적 도구이다. 그러나 잘못된 규제나 부적절한 규제는 편익을 줄이고 비용을 늘리며, 소비자의 선택 폭과 제품의 질을 깎고, 시장의 활력을 떨어뜨린다. 규제의 오래된 과제이자 아직 풀지 못한 숙제다.

반대로 짧고 분명한 규칙, 결과를 보는 기준, 예측 가능한 집행은 시장이 스스로 빠르게 조정하고 학습하게 만든다. 이런 일이

그림 7_1 무엇이 필요하고 무엇이 필요하지 않은가

	X	O
안전을 위해 필요한 것	절차를 더하는 것	보상과 신호를 바로잡는 것
품질과 선택을 위해 필요한 것	일률적 규제	정보 공개를 통한 투명성과 평판 신호
혁신을 위해 필요한 것	애매한 규제	명확한 기준과 예측 가능한 집행

벌어질 것이라는 점을 보여주는 것도 간단하다. 누구나 이해할 수 있는 간단하고 투명한 규칙만으로도 현장의 많은 문제가 풀리기 시작하기 때문이다.

필자는 플랫폼을 공공재로 선언하거나, 반대로 규제로만 다루자는 주장을 하고 싶은 것이 아니다. 플랫폼 생태계를 더 나은 곳으로 만들, 공존의 문제를 다루려는 것이다. 라이더, 호스트, 판매자, 이용자가 같은 플랫폼에서 더 공정하고 더 안전하게, 더 창의적으로 함께 존재할 방법을 찾기 위함이다.

그래서 상징의 언어(무료, 개방, 모두를 위한 연결)가 실제 운영의 언어(순위, 평점, 벌점, 환불, 표시 기준)와 어떻게 맞아떨어져야 하는지 묻는다. 더 좋은 생태계는 출발점이자 전략이고 목적지다. 출발점이기에 설계의 첫 문장에 생태계라는 관점을 놓아야 하고, 전략이기에 보상과 책임을 생태계적 균형을 향해 배치해야 하며, 목적지이기에 원하는 성과(더 많은 기회, 더 적은 불신)가 이 생태계에서 안정적으로 유지되어야 한다.

이를 위해 세 가지 질문을 던진다. 첫째, 보이지 않는 규칙은 무엇인가? 화면 뒤에서 작동하는 신호와 가중치는 무엇이고, 그 신호가 누구의 행동을 어떻게 바꾸는지 살펴본다. 둘째, 왜 법보다 관행이 빠른가? 법이 방향을 비추고, 운영 규칙과 커뮤니티의 상식이 일상에서 그 방향을 실현하는 과정을 살펴본다. 셋째, 공정한 제도 설계는 어떻게 가능한가? 상징을 원칙-지표-규칙으로 번역해서 투명성-예측 가능성-신뢰를 높이는 간단한 설계 원리를 제시한다.

이 글은 만병통치약을 약속하지 않는다. 다만 불확실하고 정신없이 빠르게 흘러가는 시장에서, 예상하는 것보다 더 간단한 방법으로 문제를 풀 수 있음을 보여주려는 것이다. 그리고 이 글의 마지막에 독자가 플랫폼의 규칙을 읽는 법, 규칙을 바꿀 때 던져야 할 질문을 손에 쥐기를 바란다. 그리고 이 질문을 내일 아침, 당신이 (라이더로, 호스트로, 판매자로, 이용자로) 다시 플랫폼을 열 때 자연스럽게 떠올리게 되기를 바란다.

이 글을 읽는 동안, 세 가지를 곁에 둘 것을 권한다. 플랫폼에서 가치 있는 행동은 무엇이며, 그것은 어떤 지표로 측정되어 보상되는가? 그 지표와 가중치는 미리 공개되어 예측 가능한가?(상징-원칙-지표-규칙이 일치하고 있는가?) 그리고 나의 선택은 생태계를 더 건강하게 만드는가?(신뢰·안전·다양성을 키우는가?) 이 세 가지 질문을 품고 읽어 나가면, 더 좋은 플랫폼 생태계를 설계하는 길이 한층 선명해질 것이다.

상징의 언어
- 공공재처럼 보이기와 정당성 만들기

플랫폼은 스스로를 '열린 공공 인프라'로 소개한다. '무료', '개방', '모두를 위한 연결'과 같은 말은 우리가 지향하는 공공성과 혁신의 약속을 담아, 이용자와 사회에 신호를 보낸다. 이런 문장은 단순한 장식이 아니다. 시장의 낯섦과 불확실성을 줄이고, 이용자와 공급자 사이에 공통의 기대와 규범을 세우겠다는 약속의 언어다.

상징은 신뢰를 모으고 참여를 이끌어낸다. 참여가 모여야 네트워크 효과가 생기고, 그 위에서 더 나은 서비스와 혁신이 가능해진다. 이 점에서 상징적 제도는 출발선과 방향을 제시하는 나침반에 가깝다. 그리고 동시에 경제사회적 맥락에서 이 약속은 비용과 위험의 구조를 바꾸기도 한다. 최소한의 공간만 있으면 되니 매장 임차료가 줄어들지만, 플랫폼 상단에 노출되기 위한 광고비가 새로운 임차료처럼 작동한다. 당국의 단속보다는 신고와 평판이 치안의 역할을 맡으며, 교육과 감독 대신 별점과 후기가 품질 관리의 기본선으로 세워진다. 상징이 참여를 모으고, 운영은 비용·위험을 어떻게 나눌지 결정하는 것이다.

그러나 방향만으로는 속도가 나지 않는다. 행동을 바꾸는 힘은 운영 규칙에 있다. 누가 먼저 보이는지를 정하는 순위, 평판을 쌓고 깎는 평점과 후기, 실수를 처리하는 벌점과 벌칙, 거래의 안전망이 되는 환불 규칙, 소비자 보호의 최소선을 그어주는 표시 기준이 그것이다. 화면 뒤에서 조용히 움직이는 이 규칙들이 매 순간 누가 선택되고, 무엇이 보상받고, 어디에 제약이 걸리는지를 결정한다.

여기에는 문화적 코드도 함께 작용한다. '별점 4.8', '빠른 배송', '안심 배지', '무료/체험', '간편결제'와 같은 표식은 약속의 언어이자 내부 규칙으로 들어가는 입구다. 별점은 신뢰의 약속이면서 평점 가중 노출이라는 규칙에 연결되고, 빠른 배송은 효율의 약속이면서 도착 예상 시간과 지연 벌점과 연결된다. 안심 배지는 안전의 약속이면서 인증·보험·환불 요건과 묶인다. 코드는 짧은 문장으로 무엇에 보상이 붙는지, 무엇이 금지되는지에 대한 직감을 만들어낸다.

　핵심은 상징과 규칙이 서로 다른 일을 하면서도 같은 목표를 향해 일치하느냐에 있다. A부터 F까지의 장면은 이를 구체적으로 보여준다. 신호가 명확하고 보상이 일관될 때 라이더·호스트·판매자·이용자는 절차를 더하지 않아도 공정과 안전을 함께 달성한다. 반대로 획일적 규제나 애매한 집행으로 신호가 흐려지면 공급은 줄고, 매칭은 느려지고, 실험은 위축된다. 이것은 상징이 불필요해서가 아니라, 상징과 운영이 어긋났기 때문이다. 상징을 지우는 것이 과제가 아니라 상징을 규칙으로 번역하는 일이 과제다.

　상징을 규칙으로 다시 설계하는 과정에 다양한 관점과 논의를 접목해볼 필요가 있다. 상징과 정당성이 조직의 참여를 이끌지만 실제 운영과 어긋날 수 있다는 신제도주의 관점에서 출발해서, 제도가 규범적이고 인지적인 의미체계로 뒷받침될 수 있다는 점에서 규범적 원칙이 명시적인 규칙으로 이어지게 하는 것이다. 따라서 방향을 말하는 문장을 원칙, 지표, 설계로 단계적으로 연결해야 한다. 상징 → 원칙 → 지표 → 규칙의 사슬을 만드는 것이다.
〈그림 7_2〉

　규제의 역할도 이 사슬 안에서 새롭게 정의할 수 있다. 더 많은 절차를 얹는 대신, 결과를 요구하고 정보의 투명도를 높이는 방향으로 환경을 만드는 것이다. 요점은 단순하다. 규칙의 두께가 아니라 투명도와 예측 가능성이 성과를 좌우한다. 상징은 목표를

그림 7_2 상징, 원칙, 지표, 규칙의 사슬

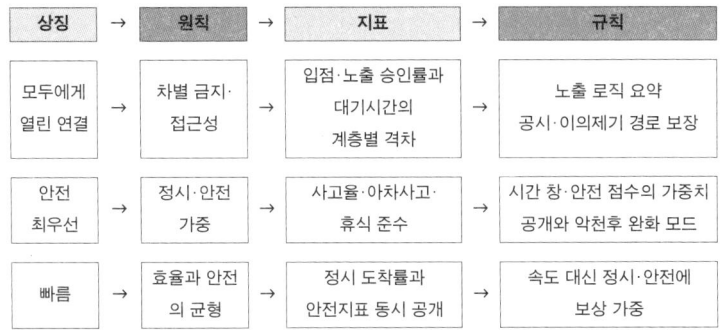

* 아차사고(near miss incident) 사업장 내 부상 또는 질병으로 이어질 가능성이 있었던 상황을 의미[사업장 위험성평가에 관한 지침(고용노동부고시 제2024-76호)]하는 개념으로, 하마터면 사고가 날 뻔한 아슬아슬한 상황을 뜻한다. 단순한 실수가 아니라 향후 실제 사고로 발생할 수 있는 징후를 의미하며 반복되면 실제 사고로 이어질 수 있다는 점에서 사고와 동일한 수준에서의 분석과 관리가 필요한 상황이다. 예를 들어 밤 11시, 정시 도착을 맞추려고 서두르던 배달 라이더가 노란불이 켜진 교차로에 그대로 진입했다가 좌회전 차량과 거의 부딪힐 뻔했지만, 양쪽이 급브레이크를 밟아 간신히 스쳐 지나간 상황(실제 충돌·부상은 없음)을 생각하면 된다.

모으고, 얇지만 강한 규칙은 그 목표를 실현한다. 이렇게 둘이 만났을 때 공공성이 말에 머무르지 않고 현실의 작동 원리 속에서 실현된다.

이제 상징의 지도를 접고 현실의 공간으로 들어가보자. 플랫폼은 추상이 아니라 규칙이 깔린 장소다. 길은 순위로 놓이고, 교통은 노출과 트래픽으로 흐르며, 임대료는 수수료와 광고비로 바뀐다. 약속을 성과로 바꾸려면, 무엇을 공개하고 무엇에 보상을 줄지부터 구체적으로 바로잡아야 한다.

플랫폼은 현실의 공간인가

상징적 의미는 정당성을 약속하지만, 이 안의 규칙은 때로 다른 방향을 가리키기도 한다. 보이는 규칙(공식)과 실제 관행(비공식)이 엇갈리는 틈이 생기는 것이다. 이런 간극을 디커플링(decoupling)이라고 부르는데, 플랫폼에서 나타나는 디커플링 현상을 살펴볼 필요가 있다. 이 틈에서 소유와 운영이 분리되고, 규칙의 설계 권력이 한쪽으로 쏠리며, 참여자들의 이익 배분이 새롭게 짜여질 수 있기 때문이다. 이 현상을 비판하기 위해서가 아니라, 플랫폼 생태계를 더 나은 곳으로 만들려면 어떻게 다뤄야 하는지 고민하기 위함이다.

현실에서는 기술·규제의 적용과 실행이 문제를 만든다. 한 기업 안에서 생산-유통-판매가 붙어 있던 시절, 같은 팀은 같은 규칙으로 움직였다. 그러나 플랫폼에서는 이 사슬이 끊어진다. 물건과 시간은 라이더·호스트·판매자가 책임지고, 규칙과 심판은 플랫폼이 맡는다.

비가 내리거나 주문이 몰리는 시간, 지역·카테고리의 차이, 도착 예상 시간·환불·노출 기준과 같은 기계적 규칙이 이를 제대로 반영하지 못하면 약속과 결과가 어긋난다. 절차가 지나치게 획일적이면 매칭이 늦어지고, 집행이 모호하면 실험이 움츠러든다. 목표가 같아도(안전·공정) 신호 설계가 서툴면 비용과 위험이 엉뚱한 쪽으로 흘러가고, 참여자는 불확실성을 떠안는다.

개선 포인트는 단순하다. 정시 도착 시간 창과 안전 점수처럼 현장을 반영하는 지표를 앞세우고, 악천후·피크타임에는 기준을 자동으로 완화하는 상황 모드를 둔다. 즉 규칙의 두께보다 예측 가능성을 높이는 것이 핵심이다.

다음으로 살펴볼 것은, 상징이 왜 규칙으로 번역되지 못하는가에 대한 문제다. 이는 권력 배치와 연결된다. 플랫폼에서 '가게·차량·공간' 같은 물건과 노동은 참여자의 것이고, '길·간판·신호 등'에 해당하는 검색·추천·결제·신고 시스템은 플랫폼의 것이 된다. 플랫폼이 개방적인 것처럼 이야기되지만, 플랫폼이 경기장을 깔고 플랫폼이 표지판을 설치한다.

많은 사람이 플랫폼에 들어올 수 있도록 레고 블록처럼 끼워 맞출 수 있는 규격(모듈·표준)을 만들지만, 어디로 가야 잘 보이는지는 중앙이 정한다. 그래서 점포의 공간적 위치 같은 옛 기준은 힘을 잃고 평판, 알고리즘과의 궁합, 광고 운영 실력이 승부처가 된다. 이때 지표 설계가 허술하면 상징이 바라는 가치가 측정 가능한 신호로 내려오지 못한다.

너무 빡빡한 도착 시간은 과속을, 불투명한 벌점은 괜히 찍힐까봐 아무것도 안 하는 태도를 낳는다. 반대로 정시 시간 창과 안전 점수, 환불 신뢰 같은 결과지표가 분명하고, 가중치와 기준점을 미리 알려주면 상징은 비로소 규칙과 맞물린다. 디커플링의 뿌리는 측정·공개·집행의 비대칭과 설계권의 집중이다.

생태계 개선의 관점에서 가장 빠른 해법은 '무엇을 잘하면 보상이 따르는가?'를 명확하게 보여주는 것이다. 핵심 지표와 가중치를 더 명확히 하고, 변경 시점을 미리 알리면 현장은 스스로 조정한다.

　신뢰 기반 거버넌스 강화 또한 중요하다. 디커플링된 구조에서는 플랫폼이 직접 가게를 차리거나 차량을 제공하지 않는 경우가 많다. 그래서 신뢰가 거래의 연료가 된다. 이용자와 제휴 사업자가 플랫폼을 믿지 않으면 장터는 텅텅 빈다. 이때 평점·리뷰·배지·커뮤니티 규범 같은 비공식적 규칙이 큰 역할을 한다.

　별점은 '이 집을 믿어도 된다.'는 신호, 배지는 '검증 완료'라는 약속, 커뮤니티 규범은 '이 플랫폼에서 통하는 상식'을 만든다. 플랫폼이 할 일은 이런 신뢰 자본을 잘 쌓고, 보호하고, 이동 가능하게 만드는 것이다. 예를 들어 (1) 리뷰 조작·보복 평가를 막는 탐지와 정정 절차, (2) 분쟁·환불 처리의 기록 공개와 이의제기 경로, (3) 성실히 쌓은 평판을 다른 곳으로 일부 가져갈 수 있는 이동성이 그것이다. 즉 신뢰는 구호가 아니라 제도화된 습관일 때 오래간다.

　마지막으로 권력의 새로운 구성은 생태계의 리듬을 바꾼다. 신호와 집행을 결과 기준(사고율·분쟁율·노출 편차)으로 돌리고, 핵심 로직의 요약 공시와 변경 사전 예고를 기본값으로 삼으면, 참여자는 예측 가능성을 얻고 스스로 조정할 수 있다.

　평판·거래 내역 데이터의 이동성 보장과 여러 플랫폼을 동시에 쓰는 멀티호밍을 막지 않는다면, 협상력이 한쪽에만 쏠리지 않게 된다. 계정 제재는 등급·기간·해제 조건을 명시하고, 비·눈·대규모 장애 때는 자동으로 완화 모드가 켜지게 한다. 이것은 절차를 더 얹는 방식이 아니라 투명도와 책임 경로가 명확해지는 방식이다. 이렇게 하면 상징은 참여를 모으고, 얇지만 강한 규칙이 참여를 성과로 바꾼다.

이런 장면을 상상해보자. 비 내리는 밤, 라이더는 정시 시간 창과 안전 점수를 보고 속도를 조절한다. 늦으면 무조건 벌점을 받는 것이 아니라, 안전을 지키면 불이익이 줄어들고 보상이 유지된다는 규칙이 미리 보이기 때문이다. 같은 시각, 호스트는 환불·가격 안내를 명확하게 받을 수 있어 예측 가능한 노출을 기대하고, 판매자는 표시 기준과 벌점 규칙이 공개되어 새 상품 실험을 바로 시작한다. 신호가 분명하고 집행이 예고될수록 간극은 줄어든다. 반대로 신호가 흐리고 집행이 깜깜하면 모두가 속도를 늦추고 눈치를 보게 된다.

메시지는 간단하다. 디커플링을 줄이는 일은 비판보다 설계의 문제다. 약속을 원칙-지표-규칙으로 번역하고, 신뢰 자본을 제도적으로 관리하며, 무엇을 공개하고 무엇에 보상을 줄지, 짧고 분명하게 밝히는 것이다. 이때 플랫폼 생태계는 더 공정해지고, 더 안전해지고, 더 창의적으로 바뀐다. 이제 이런 관점으로 공공성의 착시와 규제의 허상을 살피고, 어떤 규칙이 참여자 모두에게 더 나은 길을 열어줄 수 있을지 구체적으로 제안한다.

공공성 착시와 규제의 허상

플랫폼이 언제 정당하다고 할 수 있을까? '공공재로 행동할 때'라고 답하고 싶지만, 이렇게 단순한 문제는 아니다. 문제의 출발점은 기대와 현실의 틈이다. 표면의 언어는 '무료, 개방, 모두를 위한 연결'을 약속하지만, 실제 작동은 화면 위의 자리 배분과 보상 규칙에 의해 결정된다. 이 틈을 디커플링이라 했고, 그 구조와 메커니즘을 살펴봤다. 이제 초점을 바꿔서 이 틈이 공공성에 대한 착시와 규제의 허상을 어떻게 만들어내는지, 그리고 이런 착시와 허상을 걷어내려면 어떤 시각이 필요한지 정리해보자.

먼저 공공재의 기준을 점검해본다. 공공재는 비경합성(내가 써도 남의 몫이 줄지 않음)과 비배제성(누구든 쉽게 배제되지 않음)이 핵심이다. 공원, 등대, 방재 사이렌을 떠올려보면 된다. 플랫폼은 이용자가 많아질수록 정보가 풍성해지고 매칭이 정교해지는 네트워크 효과 덕분에 비경합적으로 보인다.

그러나 실제로 경합이 벌어지는 곳은 따로 있다. 검색 결과의 첫 줄, 앱의 상단 배너, 우선 추천 등 한정된 좌석을 누가 가져갈 것인지를 정하는 과정은 철저히 경쟁적이다. 또한 데이터와 알고리즘, 인터페이스 권한은 서비스 제공자가 관리하므로 완전한 비배제성과도 거리가 있다. 즉 입구는 넓지만 안쪽 좌석이 한정되어 있는 공연장에 가깝다. 이 점을 놓치면 '플랫폼 = 공공재'라는 생각이 과도한 기대를 낳고, 실망과 갈등이 뒤따른다. 공공재로 보이는 표식이 곧 공공재로 작동함을 보장하지 않는다.

다음은 규제를 바라보는 눈이다. '법으로 꼼꼼히 정하면 끝난다.'는 믿음은 현실에서 자주 깨진다. 법이 필요하지만, 일상의 선택은 비공식 상징과 같은 규범적인 것들의 몫이 더 크다. 그러니 플랫폼의 운영 가이드가 더 크게 작용할 수 있다. 사람들은 법조문보다 앱 화면의 신호를 본다. 평판, 기본 정렬, 환불 흐름, 안내 문구 문장의 길이처럼 사소해 보이는 요소가 실제 행동을 바꾼다.

따라서 세세한 의무를 잔뜩 얹게 되면 현장은 체크박스로 대응하고, 플랫폼은 규정의 가장자리에서 미세 조정으로 우회한다. 이러는 동안 비용은 잘게 쪼개져 소상공인과 개인 공급자에게 흘러나가고, 개선을 위한 여력은 줄어든다. 반대로 '무엇을 공개하고, 무엇을 결과로 보겠다.'는 기준을 분명히 해서 운영 규칙을 그 기준으로 비추게 만들면 학습 속도는 법보다 빨라진다. 핵심은 '법 vs. 시장'이라는 대립이 아니다. '법이 어느 방향에서 빛을 비춰서 운영을 그에 맞춰가게 하는가' 하는 그 조명의 각도에 달려 있다.

이 지점에서 데이터와 알고리즘의 폐쇄성을 다시 보자. 평판과 거래 이력은 플랫폼 안에서는 널리 쓰이지만, 밖으로 나가려면 문턱이 높다. 이용자와 사업자가 자신의 성실한 기록을 들고 다른 곳으로 이사하기 어렵다. 이 구조는 경제학에서 말하는 준공공재(클럽재)와 닮았다. 조건을 충족한 회원에게는 폭넓게 열리지만, 조건 밖에서는 닫히는 것이다.

문제는 이 조건이 모호하거나 자주 바뀔 때다. '무엇을 잘하면 인정받는가?'가 흐려지면, 사람들은 모험을 줄이고 평균으로 몰린다. 다양성이 줄어들고 결과도 평평해진다. 이럴 때 '모든 것을 모두 공개하라!'는 구호는 현실적이지 않다. 대신 핵심 지표의 공개 범위를 넓혀서 게임의 규칙을 예측 가능한 수준으로 끌어올리는 편이 현실적이다. 이 순간부터 참여자는 규칙을 '추측'하지 않고

'이해'하기 시작한다.

　한 가지 더. 플랫폼은 직접 가게를 열거나 차량을 보유하지 않는 경우가 많다. 그러니 거래를 움직이는 원료는 신뢰다. 별점은 '이 집을 믿어도 된다!'는 신호, 배지는 '검증 완료!'라는 약속, 커뮤니티 에티켓은 '이곳에서 통하는 상식'을 만든다. 이런 신뢰는 구호만으로 쌓이지 않는다. 조작을 걸러내는 절차, 분쟁 처리의 기록과 이의제기 경로, 성실히 쌓은 평판의 부분적 이전 가능성과 같은 장치들이 신뢰를 쌓을 수 있는 자본으로 바꾼다. 신뢰가 제도화될수록 규제가 덜 두껍더라도 멀리 갈 수 있다. 반대로 신뢰의 바닥이 보이면, 아무리 정교한 규정이라고 해도 종이로 만든 울타리조차 넘지 못한다.

　그렇다면 플랫폼의 정당성은 어디에서 오는 것일까? 정당성은 무료 제공이나 선의의 구호에서 끝나지 않는다. 이용자와 사업자가 '왜 이 규칙을 따라야 하는가?'라는 물음에 납득할 수 있을 때 비로소 생기기 시작한다. 납득은 두 단계를 거친다. 첫째, 방향을 알려주는 (안전, 개방, 공정과 같은) 상징의 언어가 필요하다. 둘째, 방향이 원칙-지표-규칙으로 번역되어 예측 가능한 보상과 책임이 되어야 한다.

　이 연결이 선명해질수록 '공공재처럼 보이는 장식'은 줄고, '공공성을 작동시키는 설계'가 앞에 선다. 이 설계는 두 가지가 함께 작동할 때 효과적이다. 하나는 (핵심 신호의 요약 공시, 변경의 사전 예고, 결과지표의 정기 공개 등) 투명성이 높아지는 것이고, 다른 하나는 (지표를 이해한 참여자가 스스로 조정할 여지가 주어지는) 자율성이 확보되는 것이다. 투명성은 규칙의 그림자를 없애고, 자율성은 규칙을 각자의 맥락에 맞게 적용하게 한다. 이 둘이 만났을 때 비로소 정당성은 설명이 아니라 경험이 된다.

　이제 규제의 공간으로만 플랫폼을 다루는 접근의 부작용 또는 허상을 생각해보자. 첫째, 창의가 위축된다. 잦은 변경과 모호한 요건은 새로운 시도를 '위험'으로 보게 만든다. 둘째, 규모의 방패다. 동일한 규칙이라고 해도 덩치가 큰 사업자는 전담팀과 시스템으로 흡수하지만, 몸집이 작은 참여자는 비용과 시간을 고스란히 떠안는다. 셋째, 규정의 숲이다. 규정이 많아질수록 중요한 신호가 묻혀서, 정작 지켜야 할 핵심이 눈에 띄지 않는다. 넷째, 책임의 분산이다. 누구도 '내 일'로 받아들이지 않고, 결과는 '남 탓'이 된다. 이런 부작용은 '규제가 나쁘다!'는 말이 아니라, 어떤 규제가 무엇을 비추는가의 문제다. 규제는 방향을 가리키는 등대여야지, 파도를 멈추는 제방이 되어서는 안 된다.

　답은 거창하지 않다. 착시는 투명성이 높아질수록 줄어들고, 허상은 결과 기준이 명확해질수록 줄어들며, 불신은 제도화된 신뢰가 쌓일수록 줄어든다. 말과 작동이 맞아떨어지면, 플랫폼을 공공재로 규정하고 강제하지 않더라도 공공적 기대를 충분히 충족할 수 있다. 필요한 질문은 이 두 가지뿐이다. '플랫폼은 행위에 따른 보상을 주는가?' 그리고 '기준이 공정하게 작동하는가?' 이 두 질문에 '예'라고 답할 수 있으면, 플랫폼은 이미 정당성의 절반을 얻은 것이다. 남은 절반은 그 답을 꾸준히 지키는 일이다.

플랫폼 단단히 세우기

플랫폼을 공공재처럼 포장하거나, 규제의 틀로만 판단하면 중요한 것을 놓친다. 겉에서 보이는 '공짜 같은 편익'과 '강한 감독'은 모두 절반만 진실일 뿐이다. 핵심은 작동하는 정당성을 어떻게 만들고 유지하느냐이다. 말과 작동이 어긋나는 순간(디커플링) 갈등이 커진다. 이제 그 어긋남을 줄여서 플랫폼의 생태계를 더 낫게 만드는 것을 고민해볼 필요가 있다.

공짜처럼 보이는 편익의 이면을 밝히고, 필요한 규칙을 짧고 분명하게 공개하며, 현장이 스스로 조정할 수 있는 여지를 남기는 것. 이 세 가지가 동시에 움직일 때 플랫폼은 공공재가 아니어도 공공적 기대를 충족한다.

우선 표면적인 착시부터 걷어낸다. 플랫폼은 길을 깔고 표지판을 세우지만, 이 길을 달리는 자동차와 가게의 문은 참여자가 연다. 입구는 넓지만, 상단 노출이라는 안쪽 좌석은 늘 한정되어 있다. 좌석 배분의 기준이 무엇인지, 어떤 노력이 어떤 결과로 이어지는지를 참여자가 이해할 수 있어야 공정한 경쟁이 가능하다.

그러나 모든 세부 로직을 공개하면 조작과 편법이 성행할 것이고, 성실한 참여자가 오히려 불이익을 받게 된다. 필요한 것은 참여자가 자신의 노력과 성과를 합리적으로 연결 지을 수 있는 적절한 수준의 투명성이다. 따라서 거창한 알고리즘 전체 공개보다는 순위·벌점·환불의 기본 원리가 상식선에서, 누구나 읽을 수 있는 문장으로 공개되는 것이 중요하다. 간단명료한 지표 공개만으로도 참여자들의 예측 가능성이 크게 높아지고, 결과적으로 사고율이나 분쟁률 같은 성과지표의 개선으로도 이어진다. 더불어 참여자는 비로소 예측 가능한 하루를 보낼 수 있다.

여기에 정부의 역할이 더해진다. 더 많은 서류를 요구하는 손이 아니라, 생태계가 건전하게 작동하는지 지켜보는 눈이다. 플랫폼과 참여자 사이의 소통이 원활한지, 참여자들이 합리적으로 예측 가능한 환경에서 활동하고 있는지 확인하는 것이 핵심이다. 절차의 층을 쌓기보다, 참여자들이 신뢰할 수 있는 환경이 만들어지도록 뒷받침하는 편이 현장을 더 빠르게 움직이게 만든다. 법이 '어떤 환경이 바람직한가?'라는 방향을 제시하면, 플랫폼은 자연스럽게 그 방향으로 운영 방식을 개선해 나간다.

플랫폼이 직접 자산을 소유하지 않는 구조에서는, 신뢰가 거래의 연료다. 별점은 '이 집 믿어도 된다.'는 신호, 배지는 '검증 완료'라는 약속, 커뮤니티의 에티켓은 '상식'을 만든다. 신뢰가 구호에 머물지 않으려면 장치가 필요하다. 리뷰 조작을 걸러내고 정정할 수 있는 절차, 분쟁·환불 처리의 기록 공개와 이의제기 경로, 성실히 쌓은 평판을 다른 곳에서도 일부 쓸 수 있는 데이터 이동성. 이 세 가지를 기본 기능으로 넣는 순간, 신뢰는 '느낌'이 아니라 쌓을 수 있는 '자본'이 된다. 신뢰가 제도화될수록 외부 규제가 덜 두꺼워도 더 멀리 간다.

현장은 늘 변한다. 비가 오고, 주문이 몰리고, 시스템이 흔들린다. 그래서 규칙에는 완화 모드가 필요하다. 악천후나 대규모 장애가 발생했을 때, 자동으로 기준이 완화되고 켜짐과 꺼짐의 조건이 공개된다면, 라이더는 정시 도착 시간 창과 안전 점수를 보고 속도를 조절할 수 있고, 호스트는 환불·가격 안내가 명확하다는 이유만으로 예측 가능한 노출을 기대할 수 있다. 판매자는 표시 기준과 벌점 규칙을 이해하기 때문에 새 상품 실험을 미루지 않는다. 규칙의 두께가 아니라 예측 가능성이 위험을 낮춘다.

권력이 한 곳으로 모이지 않도록 균형 장치도 놓아야 한다. 데이터와 규칙 설계권이 한 주체에만 집중되면, 작은 변경도 큰 불안이 된다. 전면 공개가 답은 아니다. 대신 핵심 지표와 가중치의 범위를 명확히 하고, 사용자·사업자 대표가 참여하는 규칙 변경 리뷰(시범 적용-피드백-확정) 순서를 정례화한다. 여기에 멀티호밍을 보장하고, 내 평판·거래내역 파일로 갖고 나갈 수 있는 내보내기 표준을 마련하면 협상력의 급격한 쏠림을 막을 수 있다. 닫힌 제국이 아니라 감시 가능한 인프라가 되는 길이다.

정부와 플랫폼, 커뮤니티가 함께 설계하는 공동규제(co-regulation)도 효과적이다. 새로운 신호와 규칙을 작게 실험하는 샌드박스를 열고, 결과 지표로 성능을 평가해서 확장 여부를 정한다. 잘 작동하면 행동강령과 지표의 약속 형태로 업계에서 표준화하고, 정부는 이를 공표·비교·감시한다.

위반에 대한 벌칙도 바꿔보자. 과징금이 전부가 아니다. 투명성을 늘리는 접근(공개 범위 확대, 기록 의무 강화)이 현장을 빠르게 학습시킨다. 규제는 벌점표가 아니라, 길을 밝히는 조명이 될 때 힘을 가진다.

플랫폼은 '무엇을 잘하면 보상이 붙는가?' '이런 기준을 어떻게 보이게 만들어야 하는가?' '언제, 어떻게 바꿀 것인가?'를 간단한 문장으로 적어두고 분기마다 점검한다. 마케팅 자료가 아니라 운영의 약속을 만드는 것이다. 이 약속은 짧을수록 기억되고, 지켜질수록 신뢰가 쌓이는 효과로 이어진다.

    방향은 분명하다. 착시는 투명성이 높아질수록 줄어들고, 허상은 결과 기준이 명확해질수록 줄어들며, 불신은 제도화된 신뢰가 쌓일수록 줄어든다. 정부는 절차를 늘리는 손이 아니라 빛을 비추는 조명이 되고, 플랫폼은 착시를 걷어내고 짧고 분명한 신호로 보상을 설계하며, 이용자와 사업자는 그 신호를 보고 스스로 조정한다. 이렇게 말과 작동이 맞아떨어질 때, 플랫폼은 굳이 공공재가 아니어도 정당하게 단단해진다.

플랫폼 시대
제도적 변화와 미래 전략

    플랫폼은 특정 기업의 기술이나 일시적 유행이 아니다. 사람과 사람, 가게와 손님, 정보와 선택을 잇는 사회적 장치, 하나의 제도다. 제조와 유통이 한 줄로 이어지던 시대에서, 누구나 생산자이자 이용자가 될 수 있는 질서로 옮겨왔다. 이 변화를 이끌어온 것은 '개방과 연결'이라는 상징이었고, 앞으로 이 변화를 단단하게 만드는 것은 정당성의 작동이다. 정당성은 거창한 선언이 아니라, 약속이 행동으로 이어지고 이 행동이 예측 가능하다고 느껴질 때 생긴다.

플랫폼이 성숙한다는 것은 상징의 언어가 현실의 규칙과 자연스럽게 맞아떨어진다는 뜻이다. 말은 간결하게 방향을 제시하고, 운영은 그 방향을 일상의 경험으로 해석한다. 이용자는 '무엇을 잘하면 보상이 붙는지' 어렵지 않게 알 수 있어야 하고, 사업자는 '어떤 기준으로 바뀌는지' 미리 짐작할 수 있어야 하며, 사회는 '그 기준이 공정하게 적용되는지' 눈으로 확인할 수 있어야 한다. '원칙은 분명하게, 측정은 단순하게, 운영은 예측 가능하게' 이 세 가지가 앞으로의 플랫폼 전략의 밑바탕을 이룬다.

플랫폼의 공공성은 법적 지위로 완성되는 것이 아니라, 공공적 기대를 충족하는 경험으로 다져진다. 플랫폼은 완전한 공공재가 아닐지라도 모두에게 열려 있다는 감각, 누구도 쉽게 배제되지 않는다는 안도감, 잘한 만큼 보상이 돌아온다는 확신을 만들 수 있다. 이를 위해 필요한 것은 과장된 선전이나 과도한 절차가 아니라, 투명한 신호와 예측 가능한 운영, 서로를 믿고 움직일 수 있게 해주는 신뢰다. 평가의 상식, 거래의 예의, 분쟁을 풀어내는 절차 같은 일상의 습관이 쌓일수록, 플랫폼은 공공재가 아니더라도 공공적인 인프라에 가까워진다.

생태계를 이루는 주체들도 각자의 미래 전략을 가질 필요가 있다. 플랫폼은 눈에 잘 띄는 자리만 키워서 판매하는 성장에서 벗어나서, 보이지 않는 기반(정확한 안내, 균형 잡힌 보상, 맥락을 반영하는 안전장치)에 더 투자해야 한다. 참여자는 평판과 관계를 자산으로 여기고, 짧은 성과 대신 꾸준한 신뢰를 쌓는 전략을 선택해야 한다.

사회는 플랫폼을 단지 가격과 속도의 경쟁이 일어나는 장으로만 보지 않고, 학습과 기회의 장으로 바라봐야 한다. 경쟁력의 기준은 물량과 속도에서, 학습과 공정한 나눔으로 옮겨가고 있다.

정부는 심판이다. 심판은 경기가 벌어지는 운동장에서 공이 움직일 때마다 건드려서는 안 된다. 심판의 일은 경기의 규칙이 분명히 보이게 만드는 것이다. 누가 들어오고 나가며, 무엇이 보상되고 제한되는지를 국민이 이해할 수 있게 돕는 것, 왜 이 기준이 필요한지 설명하는 것, 과도한 집중과 배제를 막아서 기회의 문턱을 낮추는 것이 핵심이다. 지나치게 세세한 의무를 나열하기보다 방향·기준·점검이라는 큰 틀을 제시하고, 이 틀 안에서 시장과 커뮤니티가 스스로 배우고 고치도록 뒷받침해야 한다. 교육과 문해력, 표준과 상호운용성, 지역과 소상공인의 참여 통로를 넓히는 지원은 규제보다 오래 간다. 정부는 적절한 지원으로 돕는다는 원칙을 잊지 않아야 한다. 인프라와 표준, 교육과 안전망 같은 공통 기반에 투자하고, 과도한 간섭은 줄이며, 다양한 실험과 참여가 가능하도록 공간을 열어주는 일 말이다.

앞으로의 플랫폼은 더 유연해지고 더 복합적인 무엇이 될 것이다. 인공지능이 추천을 바꾸고, 현실과 가상이 겹치는 공간이 늘어나며, 개인의 창작과 소규모 사업이 주류가 될 것이다. 이렇게 변화의 속도가 빠를수록 전략은 더 간단해야 한다. 개방성, 신뢰성, 회복력을 열어두고(inclusive), 믿게 만들고(trustworthy), 흔들려도 다시 서게(resilient) 하는 것이 필요하다.

이 세 단어는 기업, 공동체, 정책에 똑같이 적용된다. 개방성은 새로운 참여자를 불러들이고, 신뢰성은 머무르게 하며, 회복력은 위기 때 생태계를 지키고 지속 가능성을 유지해 앞으로 나아가게 한다. 세 축이 함께 설 때, 플랫폼은 사회적 위험을 키우는 장이 아니라 위험을 흡수하고 분산하는 그물이 된다.

그렇다면 내일을 위한 실천은 무엇일까? 플랫폼을 잘 쓰자는 태도에서 시작된다. 더 싸고 더 빠른 것만 쫓기보다, 더 신뢰할 수 있는 선택을 지지하고, 불투명한 관행을 발견하면 목소리를 내야 한다. 생태계는 잘 가꾸자는 마음으로 성장한다. 서로의 평판을 가볍게 다루지 않고, 실패에서 배운 것을 공유하며, 경쟁과 협력이 함께 흐르는 문화를 키우는 것이다.

플랫폼 시대의 전략은 거창한 구호가 아니다. 필요한 것이 무엇인지 이미 알고 있다. 짧은 약속, 분명한 기준, 예측 가능한 운영. 말과 작동이 맞물릴 때 신뢰는 자연스럽게 쌓이고, 신뢰가 쌓일수록 혁신은 더 자주, 더 넓게 일어난다. 이때 플랫폼은 기술을 넘어서 일상을 지탱하는 제도가 된다.

결론도 자연스럽다. 플랫폼을 더 잘 써보는 것 말고는 없다. 생태계를 함께 가꿔보자. 정부는 공통 기반과 참여의 통로를 넓혀서 뒷받침해보자. 이 세 문장을 한 줄로 묶을 때, 플랫폼은 단지 편리한 도구를 넘어서 미래 전략이 된다. 그리고 그 미래는 우리 각자의 선택에서, 오늘의 작은 설계에서 시작된다.

chapter 8   김은수 · 서울대학교 인공지능신뢰성연구센터

범선에서 기선으로
– 플랫폼과 인공지능

플랫폼이라는 기술에 인공지능이라는 새로운 기술이 융합되고 있다. 비즈니스 형태의 하나였던 플랫폼이 여러 영역에서 활용되는 사례가 늘어나면서 플랫폼 시장의 경쟁이 치열해지고 있다. 그리고 인공지능이 이 경쟁에서 또 다른 수단으로 주목받고 있는 바, 인공지능이 플랫폼에 적용되는 상황은 거래를 중심으로 발생하는 사회후생의 측면에서 조망할 수 있다.

거래비용 관점에서 다수의 판매자와 다수의 구매자 사이의 거래에서 발생하는 거래비용 절감이 플랫폼의 주요 기능 가운데 한 가지다. 구매자는 상품 구매를 위해 적합한 판매자를 찾고 판매자와 가격을 협상하는 등의 과정에서 발생하는 거래비용을 부담한다. 같은 구조로 판매자에게도 적합한 구매자와의 거래를 위한 거래비용이 발생한다. 거래비용의 크기는 거래에 따른 사회후

생 크기에 영향을 준다. 후생경제학적으로 개별 거래에서 판매자가 얻는 주관적인 효용과 구매자가 얻는 주관적 효용의 합이 해당 거래의 사회후생이다. 따라서 거래비용은 각각의 주관적인 효용을 줄이며, 구매자와 판매자 모두에게 거래 유인을 낮춘다. 그런데 플랫폼은 구매자와 판매자가 적합한 거래의 상대방을 찾아서 거래가 발생할 확률을 높이는 매개 역할을 함으로써 거래비용을 낮춘다. 플랫폼은 거래에 의한 사회후생을 높일 수 있는 한 가지 기술이다.

플랫폼을 활용하는 기업 입장에서는 거래비용을 낮출 수 있는 기술 적용이 주요 생존 전략이 될 수 있다. 데이터가 기반이 되는 인공지능 기술은 플랫폼의 사회후생 증가에 영향을 줄 가능성이 높다. 인공지능 모형에 하드웨어가 결합한 인공지능 시스템은 새로운 데이터를 생성할 수 있는 강력한 추론 능력을 제공한다. 특히 인공지능 알고리즘으로 개인화된 플랫폼 서비스의 효용성을 높일 수 있다. 가령 어떤 온라인 플랫폼 이용자가 로그인 후 어떤 제품이나 서비스를 구매한다고 가정하자. 이용자의 과거 구매 데이터가 쌓이면 이용자의 구매 패턴과 특성에 대한 다양한 연관성을 분석할 수 있는 도구로 인공지능 알고리즘이 기능할 수 있다. 기존 데이터 분석으로 이용자의 상품에 대한 새로운 선호적 특성과 같은 또 다른 데이터를 생성하면, 이용자는 자신의 프로파일에 좀 더 접근한 상품 거래 관련 서비스를 받을 수 있다. 구매자와 판매자의 선호를 정확하게 식별하면 구매자는 자신이 구매하려는 상품의 특성을 제시하는 판매자, 판매자는 자신이 판매하려는 상품의 특성에 좀 더 높은 선호를 가지고 있는 구매자를 찾는 데 필요한 거래비용이 낮아진다.

인공지능과 플랫폼 기술 모두 거래비용 절감 효과로 사회후생 증대라는 긍정적 영향을 주는 구조를 가지고 있다. 이렇게 늘어나는 사회후생은 인공지능과 플랫폼 기술에 기반한 상품을 판매하려는 판매자와 해당 상품을 구매해서 활용하려는 구매자의 후생이다. 거래비용 절감 효과는 판매자와 구매자의 후생 규모의 증가로 반영된다.

한편 거래에 직접 관여하지 않은 제3자의 후생에 영향을 미칠 수 있다. 예를 들어 공장 운영 과정에서 발생할 수 있는 오염물질에 의한 피해다. 공장에서 상품을 생산하는 과정에서 발생하는 오폐수가 밖으로 배출되면 공장 주변에 사는 주민들에게 피해가 발생한다. 오폐수가 기존에 식수로 사용하고 있던 하천의 물을 그대로 활용하기 어렵게 만들면, 오폐수로 오염된 물을 정화하는 데 들어가는 추가 비용이 주민들에게 발생하고, 이에 따라 주민들의 후생은 줄어든다. 해당 상품의 거래에 관여하지 않은 제3의 주체에게 음의 외부효과(negative effect)가 발생하는 구조다. 후생경제학의 기본 전제는 사회 전체의 후생 증진이기 때문에 어떤 경제적 행위에 의해 영향을 받는 모든 사회 구성원의 후생을 고려한다. 인공지능과 플랫폼이 거래 당사자들에게 사회후생 증대 효과를 발생시키지만, 이 거래의 외부에 있는 제3자의 후생에 악영향을 주거나 악형향을 줄 가능성이 있는 경우, 인공지능과 플랫폼의 결합적 활용이 사회후생에 미치는 효과를 신중하게 평가하게 된다.

인공지능과 플랫폼 기술의 활용으로 음의 외부효과가 발생한다면 경제학에서 말하는 일종의 시장실패가 나타난다. 그리고 시장 메커니즘으로 사회후생 극대화 달성이 어렵기 때문에 발생한 시장실패이므로 '보이지 않는 손(invisible hands)'이 아니라 '보이는 손(visible hands)'과 같은 외부 제도의 관여가 필요하다는 결론에 이른다. 이런 맥락에서 인공지능과 플랫폼 기술이 가져올 수 있는 사회적 해악(harms)에 대처하는, 인공지능 또는 플랫폼 규제 논의가 발생한다.

그런데 인공지능과 플랫폼의 활용으로 음의 외부효과 발생이 식별된다고 할 때, 어떤 제도적 방법을 적용할지에 대한 선택의 문제가 등장한다. 예를 들어 LLM(large language models)과 같은 생성형(generative) 인공지능 기술이 챗봇 형태로 활용될 경우, 있지도 않은 거짓을 답변하는 환각효과(hallucination)가 확인되기도 한다. 이런 문제에 대응하려면 입법으로 환각효과를 미리 막는 직접적인 규제를 만들 수 있다. 또는 기업이 환각효과를 해결할 수 있는 기술을 개발할 수 있도록 하는 유인적 장치를 적용할 수도 있다. 최적의 제도적 규제가 무엇인지는 해당 기술의 특성과 같은 개별적 환경에 따라 다르고, 아직 기술의 특성과 영향의 구체적 형태가 불명확한 경우에는 최적의 도구를 찾는 과정에 시간이 걸린다.

거래비용에 의한 사회후생 측면에서 플랫폼 산업에 인공지능 기술이 미치는 영향은, 인공지능 기술 자체의 사회적 영향력 증대 경향과 같은 맥락으로 흐른다. 플랫폼에서 인공지능의 활용성이 높아지면, 인공지능 기술 자체에 대한 사회적 논의가 플랫폼 영역에도 적용될 것이기 때문이다. 물론 생성형 인공지능을 중심으로 발전하고 있는 인공지능 시장에서 개발되어 적용되고 있는 인공지능 상품의 특성과 함께 이런 인공지능 상품에 대한 사회적 우려를 확인할 필요가 있다. 그리고 이런 사회적 불안감을 제도적으로 어떻게 대처할지에 대해 인공지능 기술이라는 맥락에서 신중하게 고민하고 논의해야, 시장실패에 대처하는 정부 규제가 도리어 사회적 후생에 부정적인 결과를 발생시키는 '정부실패' 가능성을 낮출 수 있다. 나아가 현재 인공지능 기술의 거버넌스 시스템으로 논의되고 있는 리스크 기반의 접근법(risk-based approach)이 시장의 실패 및 정부의 실패로 귀결되지 않도록 하는 방향으로 시스템이 운용되지 않는다면, 인공지능이 적용되는 플랫폼 산업 성장 및 국제적 경쟁력 증진에 불필요한 규제비용이 발생할 수 있다.

인공지능 상품 시장과 사회적 가치

인공지능 관련 상품 개발

1950년 튜링 테스트(turing test)라는 개념이 제시된 「컴퓨팅 기계와 지능(Computing Machinery and Intelligence)」이라는 논문에서 앨런 튜링(Alan Turing)은 인공지능 기술의 이론적 단초를 제시했다. 이후 이론적 발전이 이루어지다가 딥마인드(DeepMind)가 개발한 알파고(AlphaGo)는 2015년 이후로 인간 바둑기사들과의 대결에서 예측형(predictive) 인공지능 기술이 가능함을 보여주면서, 인공지능은 본격적으로 사회적 관심을 받게 된다. 그리고 인공지능이 사회적 부가가치 창출과 연결될 수 있음 보여준, 오픈에이아이(Open AI)의 챗지피티(ChatGPT)라는 챗봇 상품이 2022년에 시장에 출시되었다. 이후 생성형 인공지능 기술을 광범위한 영역에서 다양한 방법으로 적용하려는 시도가 빠르게 늘어나고 있다.

자연어 처리(natural language processing) 기반 상품으로는 챗봇 및 가상 비서가 있다. 인간이 사용하는 언어인 자연어를 컴퓨터가 이해하고 해석하며 생성할 수 있는 기술인 자연어 처리는 생성형 인공지능 기술의 대표적 방법이다. 고객 서비스, 상담, 정보 제공 등에 사용되는 AI 챗봇과 가상 비서로 시리(Siri), 알렉사(Alexa), 구글 어시스턴트(Google Assistant) 등이 있다. 해당 상품에는 문서 요약, 번역 서비스를 제공하는 기능들도 반영되고 있다. 또한 컴퓨터 비전(vision)과 영상 인식 분야에서도 활용이 가능하다. 얼굴 인식 및 생체 인증 기술에 적용해 출입 통제, 결제 등 보안 용도로 사용하는 것이다. 구체적으로 CCTV, 드론, 의료 영상 등에서 실시간 감지, 분류, 분석이 가능해 보안, 교통관리, 의료 진단 등에도 활용 가능성이 높다. 한편 교육, 게임 등과 같은 영역에서는 증강현실(augmented reality) 및 가상현실(virtual reality) 환경에 적용해서 사용자 경험의 다양성을 증대시킬 수도 있다.

생성형 인공지능 기술은 예측형 인공지능 고도화에 기여할 수 있다. 예를 들어 알고리즘 훈련 데이터 자체의 흠결이 많을 경우, 생성형 인공지능 기술로 데이터 자체를 보완해 인공지능 알고리즘의 예측 정확성을 높일 수 있다. 또한 상품 추천 시스템에 적용되어 전자상거래, 스트리밍 서비스 등에서 고객 맞춤형 추천 알고리즘을 더 개선할 수도 있다. 금융, 제조, 물류 등에서는 각종 데이터를 기반으로 수요 예측, 유지보수, 위험 관리 등에도 활용될 수 있으며, 자율주행차량 센서 데이터의 정확한 예측적 처리를 가능하게 해 완전자율주행차량 개발에도 가까워질 수 있다. 더 나아가 예측형 인공지능과 생성형 인공지능이 더 고도화되면서 인간의 지적 능력을 그대로 재현할 수준의 일반인공지능(artificial general intelligence) 수준에 이른다면 훨씬 더 많은 인공지능 활용 영역이 나타날 것이다.

생성형 인공지능을 중심으로 인공지능 상품이 개발되는 가운데 기업들이 인공지능 시장에서 펼치는 경쟁도 더욱 치열해질 것이다. 미국 기업을 중심으로 경쟁하던 챗봇형 인공지능 시장에 중국의 딥시크(DeepSeek)가 등장해 경쟁이 국제적 수준으로 확대되고 있음을 보여주었다. 딥시크는 가격 경쟁 가능성도 보여주었다. 기존 인공지능 개발에 들어가는 주요 비용 가운데 하나는 고성능 GPU와 같은 하드웨어 인프라에 대한 대규모 투자였다. 그러나 딥시크는 고비용의 하드웨어 투자 없이 알고리즘의 구조와 설계 효율화로 일정 수준의 품질과 성능을 유지하면서도 비교적 낮은 가격으로 인공지능이 가능함을 보여주었다. 막대한 하드웨어 비용 투자 없이, 기술 혁신과 최적화된 소프트웨어 설계만으로도 시장에서 경쟁력을 확보할 수 있는 것이다. 규모의 경제였던 하드웨어 구축 비용이 시간이 지남에 따라 줄어들고 인공지능 서비스 가격이 낮아지는 것은 필연적이지만, 이와는 별개로 딥시크가 보여주는 핵심 메시지는 하드웨어의 규모 확장에만 의존하지 않고 소프트웨어적 측면에서의 경쟁력 강화만으로도 시장에 진입하고 경쟁할 수 있다는 가능성이었다.

이에 따라 신규로 시장에 진입하려는 기업들 사이에는 기존 기업들보다 하드웨어 설비에 더 많은 물적 자본을 투자하는 경우는 거의 드물고, 제한된 자본으로 혁신적 소프트웨어 설계와 효율적 알고리즘 개발을 거쳐 경쟁력을 갖추려는 움직임이 두드러진다. 딥시크는 이러한 흐름 속에서, 하드웨어에 대한 규모의 경제보다는 소프트웨어 측면에서의 가격 경쟁력을 강화해 챗봇 유형의 생성형 인공지능 시장의 신규 진입 가능성을 보여주고 있다. 딥시크 사례는 기존 하드웨어 중심 경쟁 전략에서 벗어나 소프트웨어 최적화와 정보기술 혁신으로 비용 효율적인 인공지능 알고리즘이 경쟁력 있는 상품으로 기능할 수 있음을 제시했다.

인공지능 상품 개발에 반영되는 사회적 가치의 의미

인공지능 상품을 개발해 시장에 내놓을 때 기업이 갖는 핵심적 관심 가운데 하나는 '소비자가 인공지능 상품을 선택할 때 어떤 속성을 우선적으로 고려하는가?'다. 경쟁 시장에서 상품 가격은 해당 상품에 대해 소비자가 가지는 주관적 의사의 영향을 받는다. 어떤 소비자가 상품에 대해 최대한 지불할 수 있는 의지를 최대지불의사(willingness to pay)라고 하는데, 특정 소비자는 최대

지불의사 범위 안에서 상품 가격을 지불하려 한다. 인공지능 상품을 소비하는 소비자 관점에서 생성형 인공지공을 활용할 때 일반적으로 기대하는 특성 가운데 하나는 새롭게 생성된 결과물의 정확성이다. 소비자가 프롬프트(prompt)로 요청하는 새로운 데이터에 대한 신뢰성은 인공지능 학습 데이터의 정확성을 바탕으로 한다. 그런데 만약 환각효과가 반영된 거짓을 사실이라고 보여준다면 생성형 인공지능 상품에 대한 소비자의 신뢰성이 떨어지는 것은 당연한 일이다. 신뢰성 하락은 인공지능 시장에서 해당 상품에 대한 최대지불의사를 줄인다. 그리고 이는 다시 시장에서 형성될 수 있는 시장가격이 인공지능 상품 개발 등에 들어가는 한계비용(marginal cost)에 미치지 못하게 할 수도 있다.

그런데 어떤 소비자는 생성형 인공지능을 활용할 때 산출된 정보의 정확성보다는 정보의 차별적 특징을 우선적으로 선호할 수 있다. 예를 들어 어떤 생성형 인공지능 소비자는, 기존 정보가 아니라 완전히 새로운 정보를 기대할 수도 있다. 환각효과는 해당 인공지능 상품의 알고리즘에서 만들어지는 일종의 추론적 기능이 작용할 때 나타나는 현상 가운데 하나다. 생성형 인공지능 소비의 목적이 소비자에게 '독창적인 정보'를 얻기 위함이라면, 환각효과가 소비자의 최대지불의사를 반드시 낮추는 방향으로 작용하지 않을 수도 있다.

결국 인공지능 시장에서 소비자의 상품 선택 선호를 일의적으로 판단할 수는 없다. 특히 현재 인공지능 기술에 대한 사회적 관심과 함께 인공지능의 사회적 영향력이 늘어나고 있지만, 분야를 막론하고 사회 전체적인 차원에서 핵심적인 산업 전략으로 떠오른 것은 챗지피티 공개 이후 3~4년 정도에 불과하기에, 인공지능 상품 소비자의 다양한 활용 맥락을 체계적으로 확인할 수 있는 기간도 부족했다.

이런 상황에서 인공지능 상품의 외부효과 문제가 함께 등장하는 인공지능의 사회적 가치 반영의 문제도 신중할 수밖에 없다. 인공지능 상품의 사회적 가치는 인공지능 활용으로 발생할 수 있는 문제점에 대한 사회적 우려를 어떻게 그리고 어느 정도로 해결할 수 있을지에 대한 논의와 관련이 있다. 윤리적 인공지능(ethical AI), 신뢰할 수 있는 인공지능(trustworthy AI), 안전한 인공지능(safe AI), 책임 있는 인공지능(responsible AI), 설명 가능한 인공지능(explainable AI) 등의 개념을 바탕으로 여러 논의가 지속되어 왔다. 예를 들어 설명 가능한 인공지능은 인공지능 알고리즘의 설명 가능성을 높이는 시스템을 어떻게 적용할 수 있을지 고민한다. 다만 생성형 인공지능 이전에 예측형 인공지능이 도입된 단계에서도 시스템의 결과 예측이 공정할지와 같은 사회 공정성(fairness) 가치를 어떻게 적용할 수 있을지에 대한 이론적 논의는 있었다. 특히 공정성 개념을 어떻게 규정할지에 대한 학제적 연구도 이루어졌다.

인공지능 개발에 필요한 사회적 가치가 구체적으로 무엇인지에 대해 전 세계적으로 보편적인 합의 체계는 없다. 미국의 국립표준연구소(NIST)가 2023년에 공개한 '인공지능 리스크 관리 체계(Artificial Intelligence Risk Management Framework)'에서는 포괄적인 가치 개념을 신뢰성(trustworthiness)으로 설정하며, 구체적으로는 보안성(security), 유효성(validity), 안전성(safety), 투명성(transparency), 프라이버시(privacy), 공정성(fairness) 등을 제시한다.

인공지능 상품 개발에서 이렇게 사회적 가치에 접근하는 관점에 대한 근본적인 논의가 필요하다. 이미 제기된 사회적 가치들은 인공지능 상품으로 인한 외부효과에 대한 논의이니, 기업 입장에서는 이런 사회적 가치를 반영할 유인이 없다는 비용적 관점을 전제로 해야 할까? 실질적으로 인공지능 상품의 외부효과에 대처하는 인공지능 리스크 거버넌스에 대한 접근을 어떻게 인식해야 할 것인지 사회적 논의가 필요하다.

인공지능 경쟁력과 인공지능 리스크

인공지능 거버넌스에서 리스크 관리의 의미

전 세계적으로 인공지능 거버넌스 시스템에 적용하는 규범적 형태는 여럿이다. 그러나 인공지능이라는 기술이 가진 리스크를 지속적으로 관리한다는 '리스크 기반 접근법'을 이론적 기초로 채택하는 것이 일반적이다. 리스크 개념은 학술적·실무적·정책적으로 여러 관점에서 다각적으로 정의되고 있으며, 파생적인 의미와 적용 범위 또한 확장되어 왔다. 특히 행정 이론적 측면에서는 리스크를 '불확실성'이라는 핵심 맥락 속에서 규정하고 있다. 이는 단순히 어떤 사건이 일어날 가능성을 뜻하는 것이 아니라, 해당 사건이 발생했을 때 발생하는 결과나 영향을 포함하는 전반적인 위험성을 포괄하는 개념으로 이해된다. 행정적 관점에서 리스크란 특정 사건이 발현할 잠재적인 가능성과 함께 그 사건이 가져올 손실이나 피해의 정도가 함께 고려되어야 하는 복합적인 개념이다. 이처럼 더 넓은 관점에서 리스크 개념은 사건의 발생 확률만을 뜻하는 것이 아니다. 그 사건이 일어났을 때 사회적, 환경적, 또는 개인적인 측면에서 어떠한 피해나 손실이 발생할 것인지와 어떤 영향이 어느 정도 있을지, 사전에 구체적으로 정량적 또는 정성적으로 평가하는 것을 포함한다.

리스크 거버넌스는 리스크에 대한 체계적이고 종합적인 평가와, 이를 관리하기 위한 체제나 구조를 구축하는 것이다. 이는 단순히 위험 요소를 인지하는 차원을 넘어서며, 해당 리스크의 발생 확률과 그로 인한 위해 또는 손실의 규모를 사전에 정량적 또는 정성적으로 산출하고 예측하는 과정을 포함한다. 따라서 이러한 위험 평가 결과를 바탕으로, 각 리스크의 정도와 크기에 따라 최적화된 관리 정책이나 대응 전략을 수립하여 적용하는 것이 리스크 관리 시스템의 핵심적 역할이 된다. 이 과정은 위험이 언제, 어떤 방식으로 발생할 가능성이 높은지 그리고 발생할 경우 얼마나 심각한 피해가 예상되는지를 종합적으로 분석하고 계산하여 효과적이고 실질적인 방지책 및 대응책을 마련하는 방향으로 진행된다. 이와 같은 시스템은 정부, 기업, 공공기관, 민간단체 등 다양한 행정적·법적·조직적 주체들이 위험을 체계적이고 일관되게 인식하고 평가하며, 위험을 통제하거나 줄이기 위한 절차와 규범을 규정한 법적·행정적·조직적 프레임워크와 절차적 체계의 총합으로 볼 수 있다. 이를 통해 위험 발생 가능성을 사전에 식별하고 그 위험의 특성과 정도를 분석하며 그에 따른 대응책을 마련한다. 예를 들어 예방 조치, 긴급 대응 방안, 피해 복구 계획 등을 사전에 마련하여 피해가 발생하는 경우를 최소화하거나 방지하는 데 초점을 둔다.

이 시스템은 리스크를 '제로(zero)' 수준으로 완전하게 없애는 것을 목표로 하지 않으며, 리스크를 일정 수준 이하로 통제하는 것에 초점을 맞춘다. 이는 비용-편익 분석을 거쳐, 리스크를 지나치게 낮추거나 제거하는 것에 따른 과도한 비용 또는 비효율성을 고려했을 때 최적화된 위험 수준을 유지하는 것이 현실적이고 효과적이라는 인식을 바탕으로 한다. 이에 따라 리스크 관리체계는 실질적인 손실이 발생하는 상황에 대해 '무관용(zero tolerance)' 원칙, 즉 작은 문제도 용납하지 않고 엄격히 제재하거나 대응하는 전략을 적용하지 않으며 일정 수준의 위험을 조직적·합리적으로 수용하는 방향으로 설계된다. '일정 수준 이하의 리스크 수용'이라는 원칙은 위험이 전혀 없는 상태를 만드는 것이 현실적으로 불가능하거나 비경제적일 수 있기에, 여러 종류의 위험 수준을 평가하여 현명하게 수용할지 여부를 결정하는 것이 전제 조건이다. 따라서 리스크 거버넌스는 특정 위험이 현실적인 손실로 연결될 가능성을 최소화하면서, 동시에 비용과 자원 배분의 효율성의 조화를 이루는 데 초점을 맞추게 된다. 일정 정도의 리스크를 계속 수용하면서도 그 위험이 미치는 영향을 억제하거나 세밀하게 관리하는 것이 리스크 관리 체계와 거버넌스의 핵심 원리다. 이런 방식은 과도하게 엄격한 제재와 제약이 부작용이나 비효율성을 초래할 수 있다는 점을 인식하고, 현실적이고 합리적인 위험수용 수준을 설계하는 것이 중요한 의사결정 기준임을 보여준다.

리스크 거버넌스가 어느 정도 수준의 리스크의 존재를 인정하는 이유는 편익의 증가에 필연적으로 수반되는 리스크를 감수할 수 있어야 기술 개발을 통한 편익 창출의 유인이 발생할 수 있기 때문이다. 만약 제로(zero) 리스크가 인공지능 정책의 목표가 된다면 기업들은 새로운 리스크가 수반될 새로운 기술의 개발에 소극적인 태도를 보일 가능성이 높다. 이는 인공지능 상품 시장 자체를 축소해, 장기적으로는 시장이 소멸하는 결과까지 빚을 수 있다. 따라서 인공지능이라는 맥락에서 리스크 거버넌스 시스템을 구축할 때도, 인공지능 기술이 가져올 사회적 편익을 고려해 리스크를 관리하는 접근법이 필요하다. 리스크 거버넌스가 리스크 이외에 편익을 같이 반영한다는 전제에서 인공지능 리스크 거버넌스를 설계할 경우에, 비용편익 분석 맥락에서 비용에 해당하는 리스크 이외에 편익적 요소를 반영해야 한다. 인공지능 기술의 외부 효과를 관리하기 위한 제도적 시스템을 구축할 때, 인공지능 기술의 사회적 가치를 단지 비용적 관점이 아니라 편익적 측면에서도 조망할 필요성이 있다.

사회적 비용과 사회적 편익 사이의 관계는 일반적으로 인식되는 리스크 관리의 기본적인 이론 체계와 밀접하게 연관되어 있다. 비용편익 분석 체제 안에서 리스크는 본질적으로 사회적 비용의 성격을 갖지만, 동시에 위험을 효과적으로 관리하거나 적절히 통제할 경우 사회적 편익으로 전환될 수 있는 유인을 생성해낼 수 있다. 만약 인공지능 소비자가 '강력한' 추론 능력 외에도 '신뢰할 수 있는' 추론 능력에 대한 주관적 효용을 상당히 중요한 가치로 인정할 경우, 이는 인공지능의 신뢰성과 직접적 연관이 있는 프라이버시 보호나 보안과 같은 리스크 관리기법 개발과 적용에 대한 기업의 유인을 자연스럽게 촉진하는 역할을 수행한다. 소비자들이 인공지능 시스템의 신뢰성을 높이고, 프라이버시와 같은 리스크를 효과적으로 관리하는 기술적, 조직적 방안을 기대하는 만큼 기업은 이러한 기대에 부합하는 리스크 관리 기법을 개발·적용하는 데 적극적이 되고, 이를 통해 경쟁력을 강화하려는 동기를 갖는 것이다.

정부 정책이 기업의 유인을 효과적으로 활성화하는 역할을 한다면, 별도의 규제비용 부과 없이도 인공지능이 만들어내는 사회적 비용을 줄이는 동시에 사회적 편익을 늘리는 성과를 이룰 수 있다. 경제학적으로 보면 인공지능 기술이 사회 전반에 기여하는 한계편익(marginal benefit)과 동시에 그로 인해 발생하는 한계비용(marginal cost)이 일치되는 수준으로 조정될 필요가 있다. 이러한 균형점은 정부 정책이 인공지능에 대한 투자와 소비를 촉진하면서도, 지나친 부작용이나 비용이 발생하지 않도록 조율하는 역할을 수행하게끔 유도하는 기준점이 될 것이다. 사회적 관점에서 보면 인공지능의 '사회적 한계편익'과 '사회적 한계비용'이 정확히 일치하는 수준으로 인센티브를 유도하는 정책이 이상적이고 효율적인 정책이다. 정부는 규제와 제재보다는 인센티브와 유인책으로 기업이 자발적으로 신뢰성을 높이고, 프라이버시와 같은 사회적 리스크를 효과적으로 관리하는 방향으로 행동하게끔 유도할 수 있다. 최종적으로 인공지능 시스템이 사회 전반에 긍정적인 영향을 미치면서 동시에 비용 측면에서도 효율성을 확보하는 결과로 이어지게 될 것이다. 그래서 이러한 정책적 유인책은 인공지능 시장의 발전과 지속 가능한 사회적 책임 이행을 동시에 실현하는, 중요한 전략적 선택의 한 축으로 작용하게 된다.

인공지능 거버넌스 운용의 방향성

인공지능 기술의 사회적 비용과 사회적 편익 사이의 관계에 대해 좀 더 깊고 세밀하게 고민하는 것은 매우 중요한 과제이며, 이와 관련된 논의는 앞으로 인공지능 발전 방향과 관련 정책 수립에 있어서 핵심적인 역할을 담당한다. 이러한 맥락에서 사회적 비용과 편익의 관계를 명확하게 이해하려면, 리스크 평가로 인공지능이 일으킬 수 있는 여러 비용들을 체계적으로 산출하고, 동시에 인공지능 상품 시장 형성으로 창출 가능한 사회적 후생 증대, 나아가 국가경제의 성장이라는 측면에서의 사회적 편익을 정량적 또는 정성적으로 도출하는 작업이 선행되어야 한다. 이러한 비용과 편익 분석은 어떤 인공지능 상품을 개발하고 시장에 선보일지, 해당 상품의 형식을 어떻게 설계하고 상품화할 것인지에 대한 정책적·경제적 판단을 내리기 위한 핵심적인 근거 자료로 작용한다. 즉 이러한 일련의 과정이 바로 비용편익 분석의 근본적이고도 기본적인 접근 방법이다.

현실적으로 사회적 비용과 사회적 편익을 산정하는 작업은 어렵고 복잡하며, 수많은 변수와 기준이 얽혀 있기에 엄밀한 정량화와 평가가 쉽지 않다. 특히 인공지능이 일으킬 수 있는 리스크를 비용으로 정확하게 반영하는 작업이 개인정보 유출, 프라이버시 침해, 편향성, 알고리즘의 불공정성 등과 같은 위험요인들을 객관적이고 명확하게 측정하고 비용으로 수치화되는 것 또한 어려운 과제다. 물론 편익을 비용과 비교해 평가하는 문제 또한 어렵다. 예를 들어 인공지능 기술이 제공하는 편익이 사회 전반에 미치는 긍정적 효과로 공공 서비스의 향상, 업무 효율성 증대, 새로운 시장 창출, 혁신 기술의 글로벌 경쟁력 확보 등이 있지만 이를 어떻게 수치로 환산할 것인지에 대한 측정 기준과 방법론은 복잡하고 주관적일 수 있다.

만약 비용과 편익을 모두 같은 기준으로 평가하고, 이들 사이의 비교를 일률적으로 진행한다면, 그 유효성에서도 불구하고 현실 세계에서 이렇게 단순한 이분법적 접근이 충분히 타당하거나 공정하지 않다는 점이 문제로 지적받을 수 있다. 당장 인공지능 기업 및 산업, 적용 분야별로 비용과 편익에 해당하는 요소들이 다양할 가능성이 높다. 예를 들어 어떤 기업은 공정성 관리, 프라이버시 보호, 편향성 제거와 같은 비용적 요소를 적극 투자해 해당 인공지능 시스템이 제공하는 서비스의 품질과 신뢰성을 높이고 있다면, 이러한 비용 지출은 고객의 인공지능 상품 선택에서 중요한 품질적 요인, 즉 '품질 측면의 편익'으로 작용할 수 있다. 생성형 인공지능 시스템이 활용하는 학습 데이터의 처리 방식이 더욱 견고하고 엄격하게 이루어졌는지 또는 해당 시스템에서 도출된 결과물이 민감한 개인정보를 노출하지 않도록 프라이버시 보호장치가 효과적으로 반영되었는지 여부를 놓고 소비자는 인공지능 상품의 품질을 규정할 가능성이 있다. 높은 수준의 사회적 가치가 반영된 인공지능 상품에 대해 높은 선호도를 보이는 소비자는 상대적으로 높은 가격으로 해당 상품을 구매할 것이다. 이에 따라 기업은 사회적 가치 자체에 대한 기술 투자로 차별화된 상품을 산출할 유인이 높아질 것이고, 시장 외부가 아니라 시장 자체의 가격 메커니즘에 의해 외부효과 문제가 완화될 수 있다. 그리고 시장 내부에 의한 해결 방법은 정부의 외적 규제에 의해 발생할 수 있는 정부실패의 비용을 낮출 수 있다.

　정부는 인공지능 시장의 외부효과 문제에 대해 리스크 거버넌스를 적용할 때 만약 인공지능 기술과 얽혀 있는 사회적 가치가 앞으로 경쟁이 심화될 인공지능 시장에서 높은 상품 경쟁력을 부여할 차별적인 품질로 정착될 가능성이 있다면, 일률적 규제와 같은 리스크 비용을 높이는 방법이 아니라 사회적 가치에 대한 개발 유인을 높이는 접근법을 우선적으로 생각할 필요가 있다. 딥시크의 등장으로 효율적인 인공지능 알고리즘이라는 경쟁력이 현실화됨과 동시에 인공지능의 프라이버시, 안정성과 같은 사회적 가치의 문제가 재조명되었다. 2025년 2월에 개인정보호보호위원회의 실태 조사에 따르면, 딥시크로 인해 국내 소비자의 개인정보가 해외 기업에 무단으로 이전되었다. 이로 인해 국내 소비자에게는 인공지능 상품의 사회적 가치가 인공지능 상품 선택의 한 가지 요소가 될 수 있다는 가능성을 제시했다. 가령 현재 생성형 인공지능 시장에는 다른 기업의 인공지능 시스템의 사회적 가치를 검증하는 상품을 제공하는 기업들이 있다. 인공지능 보안 솔루션을 제공하는 블랙버드(Blackbird), 편향성을 측정하고 제거한 윤리적 인공지능(Ethical AI) 서비스를 제시하는 알라파이(Alafai)와 같은 기업 등이 등장하는 것이다.

생성형 인공지능이 나타나기 전에는 환각효과와 같은 문제점을 제대로 알 수 없었던 것처럼, 앞으로 인공지능 기술의 발전에 따라 어떤 사회적 가치들이 반영될 필요가 있을지 정확하게 예측하기란 어렵다. 이런 상황에서 리스크 비용에 초점을 두고 있는 일률적인 규제가 정부실패를 가져올 가능성이 높다. 시장에서 사회적 가치가 상품의 차별적 품질 요소로 작동할 가능성이 있는 상황에서, 정부는 어떤 사회적 가치들을 어떻게 어느 정도로 적용할지에 대한 표준을 제시하는 접근법을 고려할 필요가 있다. 이는 스타트업처럼 전반적인 자본력 수준이 낮은 기업에 사회적 가치의 상품화를 위한 비용을 낮춰줄 것이며, 사회적 가치의 능동적인 반영 유인을 높여줄 것이다.

참고문헌

개인정보보호위원회, 『안전한 인공지능(AI)·데이터 활용을 위한 AI 프라이버시 리스크 관리 모델』, 2025.

고학수, 김병필, 구본효, 백대열, 박도현, 정종구, 김은수, 『인공지능 시대의 개인정보 보호법』, 박영사, 2022.

박종현, 김은수, 「규제 자율화를 위한 제도적 모형 연구: Coglianese와 Lazer의 운영기반 규제에 대한 논의를 중심으로」, 『공법학연구』 21(3), 2020, 323~355쪽.

Alicia Solow-Niederman, 'Information privacy and the inference economy', *Northwestern University Law Review* 117(2), 2022, p. 357.

Acquisti Alessandro, Curtis Taylor, and Liad Wagman, 'The Economics of Privacy', *Journal of Economic Literature* 54(2), 2016, pp. 442-492.

Stanford Cyber Policy Center, *Regulating under uncertainty: governance options for generative AI*, 2024.

OECD, 'Risk and regulatory policy: improving the governance of risk', *OECD Reviews of Regulatory Reform*, 2010.

NIST, AI Risk Management Framework (AI AMF 1.0), 2023.

chapter 9　　　한승혜 · 한국인터넷기업협회 디지털경제연구원

모두를 위해서 모두가 하는 항해
— 플랫폼 생태계와 국가의 역할

서비스에서 생태계로

오늘날 우리가 목격하고 있는 것은 단순한 기술 혁신이 아니다. 시장과 기업이라는 20세기 경제의 두 가지 커다란 축을 넘어서는, 제3의 조직 형태인 '생태계'가 세상에 펼쳐지고 있는 풍경이다. 그리고 이 생태계에 '국가'가 새롭게 참여한다. 플랫폼의 진화과정은 이러한 변화를 그대로 보여준다.

1997년 넷플릭스가 사업을 시작했을 때 비즈니스 모델은 단순했다. DVD를 우편으로 배송하는 '더 편한 비디오 대여점'이었고, 전통적인 가치사슬의 연장선에 있었다. 영화사가 만들고, 배급사가 유통하고, 대여점이 소비자에게 전달하는 구조에서 대여점 역할을 조금 더 효율적으로 바꾼 것이었다. 그러나 2007년 넷

플릭스가 스트리밍 서비스를 시작하면서 상황이 달라졌다. 넷플릭스는 단순한 중개자가 아니었다. 한쪽에는 콘텐츠 제공자들(영화사, 방송사, 독립 제작자 등)이, 다른 쪽에는 시청자들이 있는 양면 시장이 만들어졌다. 콘텐츠가 많을수록 더 많은 시청자가 몰리고, 시청자가 많을수록 더 많은 콘텐츠 제공자가 참여하는 네트워크 효과가 작동하기 시작한 것이었다.

진짜 변화는 2013년부터였다. 드라마 <하우스 오브 카드>를 시작으로 넷플릭스가 직접 콘텐츠 제작에 뛰어든 것이다. 그리고 완전히 새로운 생태계가 만들어지기 시작했다. 단순히 기존 콘텐츠를 유통하는 것을 넘어서, 플랫폼이 창작의 무대가 된 것이다. 이 과정에서 엔터테인먼트 산업 생태계가 재편되었다. 감독들은 스트리밍 환경에 최적화된 형식의 작품을 기획하기 시작했고, 극장에 걸리는 영화에 참여하는 것과는 다른 새로운 기회가 배우들에게 주어졌다. 시청자들은 많은 콘텐츠를 한 번에 소비하는 '빈지 워칭(binge watching)'이라는 새로운 소비 패턴을 만들어냈고, 이는 다시 콘텐츠 제작 방식 전반을 바꿨다. 모든 참여자가 서로 영향을 주고받으며 함께 진화하는 공진화(co-evolution)가 일어난 것이다.

이런 변화는 일방향적이지 않았다. 넷플릭스가 콘텐츠 제작에 투자할수록 더 많은 창작자들이 플랫폼에 참여했고, 창작자들의 참여가 늘어날수록 시청자들에게 더 다양한 선택권이 제공되었다. 시청자 데이터가 쌓일수록 더 정교한 콘텐츠 기획이 가능해졌고, 이는 다시 창작자들에게 새로운 영감과 기회를 제공했다.

어떤 행위자 하나가 일방적으로 주도한 결과가 아니라, 모든 참여자가 상호 의존하면서 함께 새로운 가치를 창출해 나간 것이다.

그런데 이런 생태계적 변화가 일어나는 동안, 정책 당국들은 다른 관점으로 넷플릭스를 바라보았다. 2010년대 후반 각국 정부는 넷플릭스의 '지배적 지위'에 주목하기 시작했다. 프랑스는 프랑스어 콘텐츠 쿼터를 강제했고, 한국은 넷플릭스의 의무를 강화하는 '넷플릭스 법'을 제정했다. 그러나 정책 당국들이 '넷플릭스라는 독점'에 주목하는 그 순간에도 콘텐츠 플랫폼 생태계에는 새로운 경쟁자들이 끊임없이 참여하기 시작했다. 디즈니, HBO처럼 막강한 IP를 가진 미디어 기업들이 시장에 진입했고, 무엇보다 틱톡이 젊은 층의 콘텐츠 소비 패턴을 바꾸고 있었다. 정책과 현실 사이의 괴리는 구글 사례에서도 반복적으로 나타난다. 정부가 '구글이 검색 시장을 독점'한다며 우려하는 순간에 전 세계 젊은이들은 틱톡에서 '검색'하고 있었다. 맛집을 인스타그램에서, 상품을 아마존에서, 질문에 대한 답을 챗지피티(ChatGPT)에서 찾고 있었다. 이런 사례에서 정부는 전통적인 접근법에 따른 '외부 심판'의 역할을 한다. 문제가 생기면 개입해서 시장질서를 바로잡는 방식이다. 다만 정책 당국은 검색 엔진 시장에서 구글의 점유율에 주목했고, 디지털 시장의 정보 검색 패러다임이 변화하고 있다는 것을 간과했다.

문제는 21세기의 플랫폼 경제가 전통적인 시장경제와 다르다는 점이다. 전통적인 산업에서는 시장 점유율이 실제 지배력에 비례했다. 예를 들어 철강, 자동차, 석유 같은 산업에서 점유율

70~80%라는 숫자는 독점력을 뜻했다. 그러나 플랫폼 생태계에서는 다르다. 오늘의 지배자가 내일 퇴출될 수 있고, 예상치 못한 새로운 경쟁자가 나타난다. 혁신의 속도는 빨라지는데, 여전히 과거의 시선에 머물러 있는 규제는 혁신의 속도를 따라가기 어렵다. 규제가 도착할 때쯤 세상은 이미 바뀌어 있다.

그리고 자신의 역할에 근본적인 변화를 주는 정부가 나타나기 시작했다. 시장을 감시하고 규제하는 '외부 심판'에서 벗어나, 생태계의 핵심 참여자로 직접 나선 것이다. 중국 정부는 이런 변화를 가장 선명하게 드러낸다. 넷플릭스의 중국 진입을 차단하는 대신, 자국의 플랫폼 생태계를 구축해가는 것이다. 텐센트, 알리바바, 바이두 등이 중심이 된 독자적인 생태계가 만들어지고 있다. 중국 정부는 단순 규제자가 아니라 생태계의 설계자이자 투자자 역할을 했다. 비슷한 현상은 미국에서도 나타나고 있다. 2022년 미국 정부는 「칩스법(CHIPS Act.)」을 만들어 반도체 생태계에 520억 달러를 투입했다. 중국과의 기술 패권 경쟁에서 뒤처지지 않기 위해 직접 나선 것이다. 전통적인 자유시장 경제의 본고장인 미국에서도 정부가 적극적으로 생태계 조성자로 나서는 방향으로 정책이 바뀌었다.

이런 변화는 우연이 아니다. 플랫폼 생태계가 국가 경쟁력을 좌우하는 핵심 인프라가 되면서, 정부가 방관할 수만은 없게 된 것이다. 시장의 외부 심판이었던 정부가 이제는 생태계의 '내부 참여자'로 게임에 직접 참여하고 있다.

생태계의 과학
- 무어 이론의 현대적 확장

플랫폼 뒤의 보이지 않는 생태계

저녁 메뉴가 떠오르지 않는 퇴근길, 스마트폰에서 장보기 앱에서 신선한 연어와 샐러드 재료를 장바구니에 담는다. 몇 가지 필요한 생필품을 더해 결제를 마치고, 집에 돌아와 씻고 나면 주문한 재료들이 문 앞에 도착해 있다. 주문한 지 1시간 만이다. 이 장면을 '스마트폰으로 장을 봤다.'라고 가볍게 말할 수도 있지만, 이 짧은 문장에는 매우 복잡한 협업이 숨어 있다. 우리가 '결제' 버튼을 누르는 순간 무슨 일이 일어나는 것일까?

결제 처리에는 은행, 카드사, 간편결제 서비스가 참여한다. 이들의 눈에 보이지 않는 협업으로 승인은 순간적으로 완료된다. 결제가 완료되는 순간, 상품 준비가 시작된다. 물류센터에서 주문 내역을 받고 해당 상품을 찾아 포장한다. 그리고 이 사이에 배송이 준비된다. 상품을 배송할 기사가 배정되고, 최적의 경로를 따라 우리 집 문 앞으로 배송이 완료된다. 스마트폰 장보기의 모든 과정이 원활하게 돌아가려면, 보이지 않는 일들이 더 일어나야만 한다. 소비자가 원하는 상품을 고를 수 있도록 재고 관리 시스템이 24시간 데이터를 모니터링한다. 배송 오류나 상품 문제에 대응하기 위해 인공지능(AI) 챗봇과 상담원이 24시간 대기한다. 주문이 몰리는 저녁 시간대에는 서버 용량이 자동으로 확장되고, 앱 환경은 실시간으로 최적화된다. 이 모든 참여자가 각자 위치에서 역할을 다할 때, 저녁거리가 집 앞까지 올 수 있다. 문제 해결도 마찬가지다. 물류 회사가 새로운 기술을 도입하면 전체 배송 시간이 줄어들고, 이는 다시 고객들의 주문 빈도를 높여 농장의 생산량 증가로 이어진다. 배송 과정에서 생긴 문제는 즉시 포장이나 운송 방식의 개선으로 이어지고 결제 시스템의 오류를 고쳐 나가는 과정에서 결제 처리 속도는 더 빨라진다. 이는 각각의 전문 기업들이 독립적으로 혁신하면서도, 서로의 변화에 즉시 반응하고 적응하는 모습을 보여준다. 끊임없는 상호작용과 공진화 덕분에 전체 고객 경험이 하나의 매끄러운 여정이 된다. 스마트폰에서 클릭 몇 번으로 식재료를 사는, 지극히 단순해 보이는 일상은 사실 여러 과정이 결합된 결과이고 서로 다른 기업들의 서로 다른 역할들이 상호작용한 성과다.

스마트폰으로 장을 보기 전에는 어땠을까? 농장, 도매상, 소매상이 있었지만, 이들은 한쪽 방향으로 연결되어 있었다. 농장에서 도매상으로, 도매상에서 소매상으로, 소매상에서 소비자에게로 일방으로 흘러가는 가치사슬이었다. 기존 유통 체계에서는 고객이 어떤 상품을 원하는지, 언제 주문하는지에 대한 정보가 소비자에서 소매상으로, 소매상에서 도매상으로, 도매상에서 농장으로 실시간 전달되는 것을 생각할 수는 없었다. 그러나 플랫폼 생태계에서는 다르다. 고객의 주문 패턴이 실시간으로 농장의 생산 계획에 영향을 준다.

이런 복잡한 협력 구조를 어떻게 이해해야 할까? 1937년 경제학자 로널드 코즈(Ronald H. Coase)는 「기업의 본질(The Nature of the Firm)」이라는 논문에서 경제 활동의 두 가지 조정 메커니즘으로 '시장(market)'과 '기업(firm)'을 제시했다. 사람들은 왜 어떤 거래는 시장을 통하고, 어떤 거래는 기업을 만들어 내부 조직을 활용하는 것일까? 코즈의 답은 간단했다. 바로 '거래 비용'이다. 외부와 거래할 때 드는 비용(가격 협상, 계약, 품질 확인 등)이 높으면 기업 조직을 만들어 내부화하고, 내부 조직을 운영하는 비용(관리, 조정, 감독 등)이 높으면 시장을 이용한다. 이 이론은 수십 년간 경제학의 기본 원리가 되었다.

그렇다면 코즈의 기준에 따르면, 스마트폰 장보기는 기업과 시장 중 어디에 해당할까? 기업이라 보기에는 어색하다. 물류회사, 금융회사, 배송업체 모두 독립적으로 운영되고 있기 때문이다. 각자 다른 기업이고, 서로를 고용하거나 지배하는 관계가 성립하지 않는다. 그런데 시장이라 보는 것도 정답은 아니다. 단순한 거래가 아니라 깊은 협력과 실시간 조정이 이루어지고 있기 때문이다. 스마트폰 장보기에 참여하는 각 구성원들은 독립적으로 혁신하면서도, 전체 시스템의 성공에 의존한다. 결제 시스템이 느려지면 전체 주문이 지연되고, 물류가 비효율적이면 모든 참여자가 타격을 받는다. 기업의 경계가 모호하고, 협력과 경쟁이 동시에 일어난다. 즉 코즈의 이분법으로는 설명할 수 없는 제3의 조직 형태가 나타난 것이다. 이런 현상을 설명하기 위해 경영학자 제임스 무어(James F. Moore)가 1996년 제시한 개념이 바로 '기업생태계(business ecosystem)'다. 무어는 1960년대 IBM의 모듈화된 컴퓨터 시스템이나 1970년대 애플이 만든 개인용 컴퓨터의 비전을 관찰하면서, 전통적인 시장-기업 구분으로는 설명되지 않는 새로운 조직 형태가 등장하고 있음을 발견했다.

제3의 조직 형태

무어에 따르면, 현대 경제에는 시장과 기업 외에 제3의 조직 형태가 있다. 이는 다양한 기업들이 공통의 비전을 가지고 상호의존적으로 공진화하는 구조다. 마치 생물학에서 바라보는 생태계처럼, 참여자들은 서로 다른 역할을 가지면서도 전체의 건강함에 의존한다. 이런 제3의 조직 형태가 작동하는 방식을 구체적으로 살펴보자.

첫째, 생태계에서는 공진화가 일어난다. 한 요소의 발전이 다른 요소의 발전을 이끌어내는 것이다. 애플이 아이폰(iPhone)을 만들면 앱 개발자들이 새로운 앱을 만들고, 새로운 앱들이 아이폰을 더 매력적으로 만든다. 플랫폼에서 장을 볼 때도 같은 원리가 작동한다. 물류 기술이 발전하면 더 빠른 배송이 가능해지고, 배송이 더 빨라지면 고객들이 더 자주 주문하게 되고, 주문이 늘어나면 물류 회사들이 더 많이 투자해서 기술을 발전시킨다. 전통적인 기업에서는 중앙에서 지시하면 각 부서가 따랐다. 그러나 생태계에서는 아무도 명령하지 않음에도, 모든 참여자가 서로 영향을 주고받으며 함께 발전한다.

둘째, 생태계의 각 참여자는 독립적으로 움직이면서도 상호의존적이다. 마치 레고 블록이 각각 독립되어 있지만, 다른 블록들과 결합될 때 비로소 의미 있는 창작물이 되는 것과 같다. 배송 기사는 독립 사업자로 활동하지만 플랫폼 없이 일할 수 없다. 결제 서비스 회사는 자체 기술을 개발하지만, 소비자의 전체적인 쇼핑 경험이 성공적이어야 자신들도 성공할 수 있다. 각자는 전문 분야에서 최선을 다하면서, 전체의 성공을 자신의 성공으로 만든다.

셋째, 생태계는 참여하는 기업들만 이익을 보는 것이 아니라, 사회 전체에 새로운 가치를 만들어낸다. 초기 인터넷은 몇몇 기술 기업만을 위한 것이었지만, 결국 전 세계 사람들의 삶을 바꿨다. 마찬가지로 처음에는 편리한 쇼핑을 위해 구현된 사업 모델이 결과적으로 훨씬 큰 변화를 가져왔다. 동네 상점, 영세한 생산자들이 온라인에서 새로운 판로를 얻었고, 배송기사들은 새로운 일자리를 얻었으며, 물류 기술도 크게 발전했다. 이는 코로나19 팬데믹 시기 사회 전체의 생존을 위한 필수 인프라 역할을 하기도 했다.

생태계의 새로운 참여자, 국가

무어의 기업생태계 이론이 나온 지 30년이 지났다. 컴퓨터 산업에서 시작된 이 아이디어는 이제 거의 모든 산업으로 확산되었고, 그 사이 디지털 기술의 발전과 함께 생태계의 규모와 영향력이 기하급수적으로 커졌다. 그런데 무어가 예상하지 못한 새로운 참여자가 등장했다. 바로 '국가'다. 전통적으로 국가는 시장의 '외부 심판' 역할을 했다. 이 외부 심판은 규칙을 정하고, 위반자를 처벌하고, 공정한 경쟁 환경을 만들었다. 경제학에서는 이를 '시장실패의 교정'이라고 불렀다. 그러나 플랫폼 생태계 시대에는 국가가 종종 실패의 교정을 넘어 직접 시장에 참여하는 모습을 관찰할 수 있다. 그렇다면 왜 국가가 생태계에 직접 참여하게 되었을까?

무엇보다 디지털 플랫폼이 국가에서 필수불가결한 역할을 맡게 되었다. 코로나19 팬데믹은 이를 극명하게 보여주었다. 백신 접종 예약, 재난 지원금 신청, 교육이 모두 디지털 플랫폼으로 이루어졌다. 정부 서비스의 디지털 전환이 가속화되면서, 정부 자체가 거대한 플랫폼 운영자가 되었다. 정부가 직접 플랫폼을 운영하기도 하지만, 정부 서비스가 더 잘 제공될 수 있도록 민간 플랫폼과 협력해야 하는 상황도 늘어났다.

문제는 여기서 그치지 않았다. 데이터가 새로운 석유라 불리는 시대에, 플랫폼을 누가 장악하느냐가 곧 국가의 주권 문제가 되었다. 자국민의 데이터가 외국 플랫폼에 저장되고 처리되는 것은 단순한 경제적 문제를 넘어 국가 안보의 핵심 사안이 되었다. 미국이 중국의 틱톡을 견제하고, 중국이 구글을 차단하는 것은 단순한 보호주의가 아니라 디지털 주권을 지키는 전략과도 연결된다.

이러한 상황에서 플랫폼 생태계는 글로벌 기술 패권 경쟁의 핵심 무대가 되었다. 인공지능, 반도체, 양자컴퓨터 같은 핵심 기술들이 국가 경쟁력을 좌우하는 상황에서, 정부는 더 이상 방관자로 머물 수 없게 되었다. 미국의「칩스법」, 중국의 메이드 인 차이나 2025(Made in China 2025), EU의 디지털 단일 시장(Digital Single Market) 전략은 모두 기술 생태계를 국가 차원에서 조성하려는 전략적 시도들이다. 국가는 이제 생태계의 규칙을 정하는 심판이 아니라, 승리하는 생태계를 직접 만들고 키우는 선수로 경기장에 뛰어든 것이다.

국가가 플랫폼 생태계에서 갖는 영향력은 생태학의 '키스톤 종(keystone species)' 개념으로 설명할 수 있다. 키스톤 종은 개체수가 적지만 생태계 전체에 미치는 영향이 큰 종으로, 플랫폼 생태계에서도 국가의 정책 결정 하나가 생태계 전체의 방향을 바꿀 수 있다. 2016년 EU의 「일반 개인정보 보호법(General Data Protection Regulation, GDPR)」이 좋은 예다. GDPR은 EU 시민의 개인정보 보호를 위한 지역 규정이었지만, 글로벌 플랫폼들이 모두 이 기준에 맞춰 시스템을 바꿔야 했다. 결과적으로 전 세계 데이터 보호 기준이 GDPR에 맞춰 조정되었다. 지금 모든 웹사이트에서 볼 수 있는 '쿠키 동의' 팝업이 바로 GDPR의 결과다. 작은 개입이 글로벌 생태계 전체를 바꾼 키스톤 효과였다. 중국의 앱스토어 규제도 마찬가지다. 중국 안에서 적용되는 규정이지만, 글로벌 앱 개발자들은 중국 시장을 포기할 수 없었고 중국 기준에 맞춰 앱을 설계했다. 글로벌 앱 생태계의 표준에 중국의 규제가 영향을 미치는 것이다.

그러나 키스톤 종의 힘은 양날의 검이다. 생태계를 더 풍부하고 안정적으로 만들 수도 있지만, 잘못 사용하면 전체 생태계를 파괴할 수도 있다. 2021년 중국의 교육테크 규제가 대표적인 예다. 중국 정부가 사교육 플랫폼을 강력하게 규제하자, 수조 원 규모의 생태계가 하루아침에 무너졌다. 수많은 스타트업과 투자자들의 피해로 이어졌고, VR, AR, 메타버스 등 차세대 기술 발전의 기반이 되는 교육 기술 혁신이 차단되었다. 국가가 새로운 참여자로 등장하면서 플랫폼 생태계는 훨씬 복잡해졌다. 기업들만의 협력이 아니라, 정부-기업-시민이 얽힌 새로운 형태의 경제 조직이 나타난 것이다.

무어의 기업생태계 이론은 21세기를 살아가는 사람이라면 알아야 할 필수적인 사고의 틀이 되었다. 특히 국가가 생태계의 핵심 참여자로 떠오른 지금, 기존의 시장-기업 이분법으로는 현실을 제대로 이해할 수 없다. 전통적인 경제학에서는 시장이 가격 메커니즘으로 거래를 조정하고, 기업이 위계질서로 활동을 통제한다고 보았다. 그러나 현대 플랫폼 생태계에서는 완전히 다른 방식의 조정이 일어난다. 생태계는 공유된 비전으로 혁신의 공진화를 이끌어낸다. 스마트폰 장보기에서 결제 회사, 물류 회사, 앱 개발자들이 협력하는 이유는 누군가의 지시를 따른 결과가 아니라, '언제 어디서나 원하는 상품을 빠르게 받을 수 있는 세상'이라는 공통된 미래 비전 때문이다. 이 비전이 각자의 혁신 방향을 조정하고, 전체 생태계를 하나로 묶어낸다.

그러나 무어는 중요한 경고를 남겼다. 사법기관, 규제기관이 생태계 안에서 일어나는 협력행위를 단순한 담합으로 오해하는 바람에 혁신을 위한 협력을 막는다면 '미래가 부정되는 사회적 비용'이 발생한다는 것이다. 즉 현재의 문제를 해결하려다 미래의 혁신 가능성 자체를 차단해버리는 위험이다. 오늘의 독점을 걱정하느라 내일의 혁신을 막아버리면, 사회는 전체적으로 더 큰 손실을 입는다.

국가가 키스톤 종으로 등장한 지금, 새로운 질문들과 마주하게 되었다. 어떤 정책이 생태계를 키우고, 어떤 규제가 생태계를 망가뜨리는가? 혁신을 촉진하면서도 공공의 가치를 지킬 수 있는 방법은 무엇인가? 이런 질문들에 답하려면 각국이 어떤 접근법을 택하고 있는지 살펴봐야 한다.

국가 플랫폼 자본주의와 새로운 거버넌스

국가 플랫폼 자본주의

2022년 미국의 「칩스법」은 단순한 산업 지원이 아니었다. 중국과의 기술 패권 경쟁에 대항하는 미국 중심의 생태계를 키우려는 전략이었다. 중국은 더 직접적이다. 알리바바와 텐센트는 민간 기업이지만, 동시에 중국 디지털 패권의 핵심 도구다. 국가는 시장의 공정성만 관리하는 것이 아니라, 승리하는 생태계를 만들려고 적극 나선다. 전통적 자유시장 경제에서는 정부가 특정 기업을 편드는 것이 '불공정'이었다. 그러나 플랫폼 생태계가 국가 경쟁력 자체가 된 지금, 국가가 방관하는 것이 무책임한 행위로 여겨진다. 이것이 바로 국가 플랫폼 자본주의다. 국가가 플랫폼 경제에서 설계자, 투자자, 운영자 역할을 동시에 수행하는 새로운 경제 체제인 것이다.

미국의 접근법은 전략적 투자자에 가깝다. 바이든 행정부는 「칩스법」으로 520억 달러를 반도체 생태계에 투입했지만, 정부가 직접 생산하거나 운영하지는 않았다. 대신 TSMC, 삼성, 인텔이 미국 안에서 생태계를 구축하도록 유도했다. 대학-기업 협력 연구, 인재 양성, 세제 혜택 등으로 민간의 혁신 역량과 국가의 전략적 지원을 결합하는 방식이었다. 바이든 행정부는 '바이 아메리카(Buy American)' 조항을 강화하면서도, 동시에 동맹국들과의 협력을 확대했다. 한국, 일본, 대만과의 '칩4 동맹'은 중국을 견제하면서도 글로벌 공급망의 안정성을 확보하려는 시도였다. 미국 혼자서는 중국과 맞설 수 없다는 현실적 판단이었다.

그러나 2025년 트럼프 행정부 출범 이후 기존 미국 모델이 한계를 보여주고 있다는 분석이 있다. 동맹국을 포함한 전 세계 국가들을 대상으로 한 관세 폭탄과 일방적 통상 정책이 강화되면서, 동맹국과의 협력적 생태계 구축보다는 고립주의적 접근법이 힘을 받고 있기 때문이다. 정치적 변화가 생태계 전략의 일관성을 해치고, 장기적 관점이 단기적 정치적 이익에 좌우될 수 있다는 위험성을 보여주는 것이다.

중국은 생태계 전체의 설계자 역할을 맡기로 했다. 중국 정부는 결제 시스템(알리페이)과 은행의 연결을 허용하고, 전국 물류 네트워크 구축을 지원하며 전자상거래 관련 규제를 완화해 알리바바의 성장을 적극 뒷받침했다. 2013년 시진핑 국가 주석의 '일대일로(一帶一路)' 전략에서 알리바바가 핵심 역할을 맡았던 것도 이런 맥락이다. 국가가 생태계 전체를 설계하고, 기업이 그 설계 위에서 글로벌 경쟁력을 확보하는 구조다.

그러나 중국 모델의 한계도 노출되고 있다. 2021년 앤트파이낸셜의 IPO 중단, 교육 테크 기업들에 대한 강력한 규제는 정부

개입의 위험성을 보여줬다. 혁신을 촉진하려던 정책이 오히려 혁신을 억압하는 역설이 된 것이다. 이 과정에서 정부가 생태계를 설계할 수는 있지만, 미세하게 조정하고 통제하기는 어렵다는 교훈을 남겼다.

EU는 자체 글로벌 플랫폼 기업이 부족한 상황에서 규제로 전 세계 플랫폼들이 따라야 할 표준을 만들어내는 전략을 택했다. 2018년 GDPR 시행 이후, 전 세계 모든 웹사이트에 '쿠키 동의' 팝업이 뜨기 시작했다. EU 시장을 포기할 수 없는 글로벌 기업들이 모두 EU 기준에 맞춰 시스템을 바꾼, 이른바 '브뤼셀 효과'다. 2024년 시행된 「디지털 시장법(Digital Markets Act., DMA)」은 더 직접적이다. 애플은 아이폰에서 앱스토어 외의 다른 앱 설치를 허용해야 하고, 구글은 안드로이드에서 다른 검색엔진 선택 옵션을 제공해야 한다. 규제 자체를 경쟁력의 원천으로 만드는 접근법이다.

EU 모델의 장점은 단일한 글로벌 표준을 만들어낸다는 것이다. 기업들이 지역별로 다른 시스템을 운영할 필요가 없어지므로, 결과적으로 효율성이 증가한다. 그러나 규제의 의도와 결과가 다를 수 있다는 한계가 드러났다. GDPR이 의도치 않게 빅테크의 독점을 강화한 사례는, 복잡한 생태계에서는 예상치 못한 부작용이 발생할 수 있다는 것을 보여주었다. 또한 새로운 기술이나 서비스가 나올 때마다 복잡한 규제 검토를 거치는 과정에서 혁신 속도가 느려질 수 있다는 우려도 있다.

이들 사례가 보여주는 것은 명확하다. 아무리 강력한 국가라도 복잡한 플랫폼 생태계를 혼자서 완벽히 설계하고 관리할 수는 없다는 점이다. 미국의 정치적 일관성 문제, 중국의 예측 불가능한 정부 통제, EU의 의도치 않은 규제 부작용이 보여주는 것은 명확하다. 정치적 변화, 예측 불가능한 부작용, 의도치 않은 결과들이 끊임없이 나타난다. 국가 플랫폼 자본주의 시대에 필요한 것은 정부의 일방적 개입이 아니라, 새로운 형태의 거버넌스다.

생태계적 거버넌스

그렇다면 국가는 어떻게 개입해야 할까? 대안은 생태계적 거버넌스다. 정부가 혼자 결정하고 관리하는 것이 아니라 기업, 학계, 시민사회가 함께 참여해서 생태계 전체의 건강성을 고려하는 것이다. 우선 실험으로 학습하는 것부터 시작해야 한다. 복잡한 생태계에서 어떤 정책이 효과적일지 미리 알기란 어렵다. 따라서 작은 규모로 실험하고, 그 결과를 바탕으로 정책을 조정하는 '적응형 거버넌스'가 필요하다. 한국도 2019년부터 핀테크, 드론, 자율주행 등 분야에서 규제 샌드박스를 운영하고 있다. 이런 접근법을 플랫폼 분야로 확대해서, 새로운 서비스나 기술에 대해 일정 기간 기존 규제를 완화하고 실험할 수 있게 해야 한다.

물론 실험만으로는 충분하지 않다. 실험 설계와 결과 해석 과정에서부터 다양한 관점이 들어가기 때문이다. 이 대목에서 개방적 정책 과정의 중요성이 드러난다. 중요한 정책을 결정할 때 정부 내부에서만 논의하지 않고, 처음부터 여러 이해관계자가 참여할 수 있는 구조를 만들어야 한다. 한국의 4차산업혁명위원회나 디지털플랫폼정부위원회 같은 기구들이 이런 방향의 시도지만,

좀 더 상시적이고 구체적인 협의 체계가 필요하다. 정책 입안 단계부터 기업, 학계, 시민사회가 함께 참여해서 다각도로 검토해야 한다.

이런 개방적 정책 과정은 자연스럽게 자율규제와 정부규제의 조화로 이어진다. 모든 것을 법으로 규제하기보다는, 업계의 자율규제를 활용하되 공공성을 담보할 수 있는 장치를 마련하는 것이다. 예를 들어 게임물 등급분류를 정부가 아닌 게임 업계에서 할 수 있도록 권한을 넘기는 것처럼, 업계 스스로 만든 기준을 공적으로 인정하는 방식이다. 중요한 것은 기업의 혁신 역량과 운영 현실을 이해하면서도, 여러 이해관계자의 의견이 균형 있게 반영될 수 있는 구조를 만드는 것이다.

그렇다면 이런 생태계적 거버넌스가 지향해야 할 목표는 무엇일까? 단순히 정부 권한을 분산하는 것이 목적이어서는 안 된다. 플랫폼 생태계가 혁신과 공공성을 동시에 추구할 수 있는 새로운 균형점을 찾는 것이어야 한다.

첫째, 혁신과 안정성의 균형을 맞춰야 한다. 플랫폼 생태계에서는 창조적 파괴로 혁신이 일어난다. 그러나 너무 빠른 변화는 사회적 불안정을 불러올 수 있다. 따라서 혁신을 촉진하면서도 기본적인 안정성을 확보하는 균형 감각이 필요하다. 예를 들어 핀테크 혁신을 촉진하되 금융 시스템의 안정성은 해치지 않게 해야 하는 것이다.

둘째, 효율성과 공정성의 조화도 중요하다. 플랫폼의 네트워크 효과는 경제적 효율성을 높이는 것과 동시에 독점이 될 수 있는 만큼 조화로운 접근이 필요하다. 중요한 것은 플랫폼이 만들어 낸 효율성과 혁신을 해치지 않으면서도 그 혜택이 더 널리 공유되도록 하는 것이다. 이는 기존 플랫폼을 분해하는 것이 아니라, 플랫폼 생태계 자체를 더욱 풍성하게 만드는 방향이어야 한다. 구글이 안드로이드를 오픈소스로 공개해서 더 많은 기업들이 모바일 생태계에 참여할 수 있게 한 것이 대표적인 사례다.

셋째, 글로벌 연결성과 개별적 특성의 조화가 필요하다. 플랫폼 생태계는 글로벌하다. 그러나 개별 주체들의 특성과 다양성도 존중되어야 한다. 획일적인 글로벌 표준을 강요하는 것이 아니라, 각자의 특성을 살리면서도 글로벌 연결성을 유지하는 방향을 찾아야 한다.

이러한 생태계적 거버넌스는 단순한 이상이 아니라 현실적 필요다. 플랫폼 생태계가 더욱 복잡해지고 있는 지금, 어느 한 주체의 일방적 통제로는 해결할 수 없는 문제들이 계속 나타나고 있다. 모든 참여자가 함께 만들어가는 거버넌스만이 지속 가능한 해답이 될 수 있다.

함께 만들어가는 미래

플랫폼 생태계의 미래는 어느 한 주체가 일방적으로 결정할 수 없다. 지금 목격하고 있는 것은 모든 참여자의 역할이 근본적으로 재정의되고 있는 역사적 전환점이다. 국가, 기업, 시민사회의 경계가 흐려지고, 새로운 형태의 협력과 공진화가 이루어지고 있다. 이런 변화는 우연이 아니다. 플랫폼 생태계가 복잡해질수록, 어느 한 주체의 통제만으로는 해결할 수 없는 문제들이 늘어나고 있기 때문이다. 이제는 모든 참여자가 상호의존적 관계 속에서 새로운 역할을 찾아야 하는 시대가 되었다.

경계가 흐려지는 역할들

플랫폼 생태계에서 가장 주목할 만한 변화 가운데 하나는 행위자들의 전통적인 역할 경계가 흐려지고 있다는 점이다. 정부는 단순한 규제자가 아니라 생태계의 적극적 참여자가 되고 있고, 기업은 이윤 추구를 넘어 생태계 전체의 건강성을 고려하며, 시민은 수동적 소비자에서 능동적 참여자로 바뀌고 있다.

근본적인 변화는 시간 지평의 확장이다. 아마존이 초기 10여 년간 적자를 감수하며 생태계를 구축한 것, 미국이 「칩스법」으로 20년 뒤를 내다보며 반도체 생태계에 투자하는 것, 국제 인터넷 표준화 기구(Internet Engineering Task Force, IETF)와 같은 다중이해관계자 방식으로 인터넷이 장기적 표준을 만들어온 것 등은 참여자의 행위가 단기적 이익보다 장기적 생태계 건강성을 우선시하는 방향으로 바뀌고 있는 증거다.

통제 방식의 변화 또한 핵심이다. 정부가 일방적으로 규제하는 대신 민간과 협력하는 거버넌스를 모색하고, 플랫폼 기업들이 독점적 지위를 지키려고 하기보다 개방성을 확보해 생태계를 확장하려 하며, 시민들이 단순히 서비스를 받는 것을 넘어 적극적으로 피드백을 제공하고 있다. 구글이 안드로이드를 오픈소스로 공개하고, 메타가 인공지능 모델을 개방한 것도 이런 변화의 사례다.

무엇보다 중요한 것은 상호의존성에 대한 인식의 확산이다. 있다. 어느 한 주체도 혼자서는 생태계를 만들거나 지속시킬 수 없다는 현실을 받아들이기 시작한 것이다. GDPR이 의도치 않게 빅테크의 독점을 강화한 사례나, 중국의 교육 테크 규제가 혁신을 억압한 사례는 모두 이런 상호의존성을 간과한 결과였다.

생태계의 시대

무어가 던진 생각은 이제 현실이 되었다. 그가 경고했던 '미래가 부정되는 사회적 비용'이 실제로 나타나고 있기 때문이다. 유럽의 GDPR은 개인정보 보호라는 선의의 목적으로 만들어졌지만, 스타트업의 진입장벽을 높여 빅테크의 독점을 강화했다. 중국의 교육 테크 규제는 단기적 문제 해결에 집중하다가 VR, AR, 메타버스 등 차세대 기술 혁신의 기반을 막았다. 오늘의 문제를 해결하려다 내일의 혁신 가능성을 막아버리는 것, 현재를 보호하려다 미래를 부정해버리는 것. 이것이 바로 무어의 경고였다.

그러나 동시에 해법의 현대적 의미도 분명해지고 있다. 기업 차원에서 발견된 공진화의 원리가 이제 국가 차원으로 확장되고 있다. 미국의 「칩스법」이 성공적인 이유는 정부가 일방적으로 시장에 개입해서가 아니라 민간 기업들과 함께 생태계 전체를 키워나가는 방식을 택했기 때문이다. 반면 중국의 교육 테크 규제나 유럽의 GDPR이 의도치 않은 결과를 낳은 이유는 이런 공진화의 원리를 간과했기 때문이다.

'의도된 공동체'라는 개념도 새로운 차원으로 진화하고 있다. 기업들만의 협력을 넘어서 국가, 학계, 시민사회가 함께 참여하는 다중이해관계자 거버넌스가 등장하고 있다. 인터넷이 IETF와 국제인터넷주소관리기구(Internet Corporation for Assigned Names and Numbers, ICANN) 같은 방식으로 전 세계 공통의 인프라가 될 수 있었던 것처럼, 플랫폼 생태계도 이런 협력적 거버넌스를 필요로 한다.

무어가 말한 제3의 조직 형태가 한 단계 더 진화하고 있다. 시장도 기업도 아닌, 그러나 이 둘을 포함하는 생태계에서 이제는 국가까지 핵심 참여자가 된 새로운 조직 형태가 등장한 것이다. 이는 정부 개입이 늘어났다는 뜻이 아니라, 생태계 자체가 더 복잡하고 정교한 협력 메커니즘을 필요로 하게 되었다는 뜻이다.

생태계적 사고는 복잡하고 빠르게 변화하는 디지털 세상에서 모든 참여자가 함께 번영할 수 있는 길을 찾는 나침반이다. 혁신의 잠재력을 최대한 살리면서 '미래가 부정되는 사회적 비용'을 최소화하는 것이 플랫폼 생태계 시대를 살아가는 우리 세대의 과제다.

참고문헌

Baldwin, Carliss Y. & Clark, Kim B., *Design Rules: The Power of Modularity*. MIT Press, 2000.
Chandler, Alfred D., *Strategy and Structure: Chapters in the History of the American Industrial Enterprise*. MIT Press, 1962.
Coase, Ronald H., 'The Nature of the Firm', *Economica*, 4(16), 1937, pp. 386-405.
Iansiti, Marco & Levien, Roy *The Keystone Advantage: What the New Dynamics of Business Ecosystems Mean for Strategy, Innovation and Sustainability*. Harvard Business Review Press, 2004.
Moore, James F., *The Death of Competition: Leadership and Strategy in the Age of Business Ecosystems*. HarperBusiness, 1996.
Moore, James F., 'Business ecosystems and the view of the firm', *The Antitrust Bulletin*, 51(1), 2006, pp. 31-75.
Rolf, Steve & Schindler, Seth, 'The US-China rivalry and the emergence of state platform capitalism', *Environment and Planning A: Economy and Space*, 55, 2023, pp. 1255-1280.

미국 CHIPS and Science Act. (2022). Public Law 117-167.
유럽연합 General Date Protection Regulation(GDPR) (2016). Regulation (EU) 2016/679.
유럽연합 Digital Market Act.(DMA) (2022). Regulation (EU) 2022/1925.

State Council of the People's Republic of China, '중국 Made in China 2025', 2015.
European Commission, 'EU Digital Single Market Strategy', 2015.

마치며　　박성호 · 한국인터넷기업협회 회장

좋았던 시절은 계속될 수 있을 것인가

어떤 계기로 협회장을 하게 되었나요?

한국인터넷기업협회가 문을 연 것은 2000년이었습니다. 올해가 2025년이니까 26년이 되었네요. 저는 원래 인터넷 기업들에서 대외협력 등의 일을 했었는데, 협회 일을 맡아보면 어떻겠냐는 제안을 받았어요. 현업에 있으면서 기업들과 산업이 성장해나가는 것을 지켜보면서 함께 할 수 있었던 것은 즐거운 일이었습니다. 그런데 IT 산업이 빠르게 성장하다 보니 예상하지 못했던 일들이 벌어지기 시작했습니다. 규제가 하나씩 둘씩 늘어나기 시작하더군요. 요즘은 1년에 수백 건씩 규제가 늘어나고 있습니다. 매일 한 건씩은 생겨나는 것 같아요. 제가 예전에 현업에 있으면서 번역서를 출간한 적이 있습니다. '정부와 어떻게 일할 것인가'에 대한 책이었죠. 기업은 반드시 정부와 함께 일을 하게 되는데, 기업과 정부는 서로 쓰는 말부터가 다르잖아요. 어떻게 좋은 관계를 맺고 원하는 내용으로 협상할 수 있을지 고민하고 있던 차에 번역할 기회가 생겼죠. 늘 가지고 있던 고민이라, 협회 일을 하면서 이런 고민들을 풀 수 있을 것이라고 생각했습니다.

요즘은 상황이 어떤가요?

세상 모든 것은 서로 상호관계를 맺습니다. 플랫폼과 사회도 서로 관계를 맺죠. 저는 이 관계가 플랫폼과 사회에 모두 이득이라고 봅니다. 지금은 많이 사라진 뉴스가 있습니다. 생산지의 농민들은 생산비에 못 미치는 가격으로 농산물을 파는데, 시장에서 소비자들은 비싼 값으로 농산물을 산다는 내용입니다. 오랫동안 계속된 문제였지요. 그런데 이런 뉴스가 어느 순간 많이 줄어들었습니다. 플랫폼을 이용한 직거래가 늘어났기 때문입니다. 결과적으로 보면 플랫폼의 등장으로 사회적으로 풀고 싶었던 문제가 어느 정도 풀린 것이죠. 플랫폼의 등장으로 공적 문제가 시장에서 어느 정도 해결되었고, 플랫폼과 사회가 모두 이득을 보았습니다. 그럼에도 플랫폼 기업을 바라보는 시선이 늘 좋은 것만은 아닙니다.

한국은 유럽이나 미국에 비해 뒤늦게 산업화에 뛰어들었죠. 그들이 보기에 한국은 여전히 산업 후발국일 겁니다. 하지만 우리도 그동안 꽤 많은 내공을 쌓았죠. 지금 한국을 대표하는 자동차, 철강, 조선, 가전, 반도체 등에서 어느덧 꽤 업력을 쌓았습니다. 그런데 이 산업군이 업력을 쌓는 과정은, 정부와 함께 성장하는 과정이었습니다. 한국이 산업화를 시작했을 때, 정부도 이제 막 시작하는 수준이었습니다. 덕분에 산업계와 정부가 서로 소통하고, 서로의 처지와 입장을 이해하고, 성장의 방향과 방식을 공유할 수 있었습니다.

IT 산업은 조금 달라요. 다른 산업군들에 비해서 상대적으로 업력이 길지 않았지만 성장의 속도가 빨랐죠. 그런데 정부가 이런 속도에서 벗어나 있었습니다. IT 산업과 정부가 충분히 소통하고, 서로의 처지와 입장을 이해하고, 성장의 방향과 방식을 공유할 시간이 짧았던 것입니다. IT 산업, 플랫폼 기업을 향한 규제가 급격하게 쏟아져 나오는 데는 이런 이유가 있습니다. 서로가 서로를 잘 모르지만, 플랫폼 산업이 우리 사회에 미치는 영향이 커졌고, 정부는 이런 상황을 어떻게 다루어야 하는지에 대해 어느 정도는 우왕좌왕하고 있는 모습입니다.

사회도 마찬가지입니다. 지금은 대기업 집단에 대한 여론이 비판적이기만 한 것은 아닙니다. 그러나 대기업 집단을 향한 긍정적인 분위기가 조성된 것은 최근의 일입니다. 대기업 집단이 사회적으로 욕을 엄청나게 많이 먹었는데, 잘못한 부분을 고쳐가면서 사회적으로 소통을 이어온 덕분에 지금의 분위기가 만들어졌죠. 그런데 IT 산업, 플랫폼 기업은 마치 성장 촉진제를 맞은 것처럼 빠른 기간 동안 커졌습니다. 플랫폼 기업들도 당황합니다. 어떻게 사회와 소통하면서 고칠 것을 고쳐나갈지 고민하고 애를 쓰지만, 노련함을 갖추기에는 시간이 없었던 것이 사실입니다.

플랫폼 기업에는 어떤 사람들이 있나요?

개인적인 경험이라는 전제를 먼저 하겠습니다. 현업에도 있었고 협회 일을 하고 있지만, 모든 플랫폼 기업에 대해 알고 있는 것은 아니니까요. 제 경험에 따르면 (너무 당연한 말이기도 한데) 플랫폼 기업에서 일하는 사람들은 이공계 출신이 많죠. 기술을 좋아하고 논리를 좋아하는 사람들입니다. 대체로 어떤 문제가 생기면 논리적으로 접근해서 기술로 문제를 풀고 싶어 하죠. 그리고 자신들의 이런 행위로 문제가 풀리면 사회적으로 좋은 영향이 생길 것을 기대하는데, 여기에 굉장히 몰입해 있습니다. 플랫폼 이용자들이 좀 더 편리해질 수 있는 방법을 찾으려고, 그로 인해 이용자들에게 더 이익이 될 수 있는 방법을 찾으려고 꽤 열심히 노력합니다.

조금 과장하면 그 생각밖에 안 하는 경우도 많아요. 그래서인지는 모르겠지만 다른 생각을 잘 안 합니다. 예를 들어 사람들과 어떻게 소통할 것인가, 이 과정에서 생기는 정치적인 문제들을 어떻게 풀면 좋을지에 대해 익숙하지 않아요. 그런 것은 '서비스'를 통해서 사회가 당연히 이해해줄 것이라고 생각합니다. 이렇다 보니 사회적으로 오해가 생깁니다. 연구실에서 컴퓨터만 들여다보는, 사회성이 좀 부족한 특이한 사람들이라는 오해입니다. 이런 상황이 선입견을 만들고 한 번 만들어진 선입견이 계속 강화됩니다.

그런데 이런 사람들이 점점 세상을 이끌어가고 있어요. 사회적으로는 플랫폼 기업에 대한 어색함을 넘어 불안함이 생겨나죠. '세상을 잘 모르는 사람들이 컴퓨터 앞에 앉아서, 무슨 일을 벌이면서 세상을 바꿔가고 있는 것이지?'와 같은 불안함입니다.

대중들의 플랫폼에 대한 오해가 쌓여가고 있군요.

우리가 익숙한 산업들은 대개 눈에 보입니다. 우리는 자동차 산업을 눈에 보이는 자동차로, 조선업을 눈에 보이는 배로 느낍니다. 눈에 보이는 무엇이 계속 커지고 또한 퀄리티도 좋아지죠. 그곳에서 일하는 사람들도 눈에 보이는데, 수출을 해서 달러를 벌어오는 것도 보입니다.

그런데 플랫폼 산업은 조금 다릅니다. 플랫폼 산업도 눈에 보이긴 하죠. 우리 대부분 가지고 있는 스마트폰에서 수시로 플랫폼을 이용하잖아요. 분명 눈에 보이기는 하는데, 산업으로 느낄 수 있는 대목은 적어요. 눈에 보이는 물건이 있는 것도 아니고, 누가 어디서 일하고 있는지도 안 보여요. 이런 노동 형태를 직접 경험한 사람은 매우 적죠. 그리고 한국에서 산업으로 인정을 받으려면 기본적으로 수출을 해야 하잖아요? 그런데 플랫폼 산업이 다른 산업들처럼 수출로 외화를 벌어들인다는 이야기를 접할 기회는 드물어요. 이런저런 이유로 대중이 플랫폼을 '산업'으로 받아들이는 데 어떤 심리적 장벽이 있는 것이 사실입니다. 우리가 플랫폼을 매일 사용하고, 그로 인해 구체적인 혜택을 경험하고, 플랫폼 기업에서 일하고 있는 사람들도 많고, 해외로 진출하려는 시도를 꾸준히 하고 있음에도 말이죠.

정부는 어떤가요?

어느 나라 정부라도 비슷할 겁니다. 멀쩡한 정부라면 두 가지 목표를 세우겠죠. 하나는 자국 산업을 발전시키는 것이고, 다른 하나는 사회적 약자를 보호하는 등의 공공성을 지키는 것입니다. 우리 정부도 마찬가지입니다. 산업을 발전시키면서, 공익을 지키기 위한 규제를 합니다. 정부 관계자들을 만나보면 한국의 토종 플랫폼들을 긍정적으로 평가하는 경우가 많습니다. 산업 정책을 세우려면 어쨌거나 자국 산업, 한국 기업이 있어야 하는데 우리에게는 토종 플랫폼이 있으니까요. 유럽으로 가볼까요? 사실 유럽은 자체 플랫폼이 없어요. 외국 주로 미국 플랫폼을 쓰죠. 그래서 당장 쓸 수 있는 산업 정책이 외국 플랫폼을 규제하는 것입니다. 일단 규제하면서 시간을 벌고, 그 사이에 유럽 플랫폼 기업과 산업을 키우는 전략입니다. 그에 비하면 한국은 사정이 낫죠. 우리 플랫폼 기업들이 있으니까요.

그런데 공공성을 지켜야 한다는 목표와 조화를 이루는 데에서는 어려움을 겪습니다. 새로운 산업이 탄생해서 성장하는 과정에 좋은 일만 있지는 않습니다. 예상치 못했던 부작용이 생기기도 하고, 혁신으로 인해서 피해를 보는 사람들도 나옵니다. 정부가 이런 문제를 다뤄야 하는 것은 당연한 일인데, 공적 영역에 있는 사람들에게 '민원'과 '여론'이라는 형태로 다가갑니다.

국민들의 불만과 의견이 개인적으로 또는 집단적으로 정부와 국회로 전달되는 것은 자연스러운 일입니다. 다만 속도에 대한 스트레스가 있어요. 민원이 들어가고 여론이 압박하면, 정부와 국회가 급하게 움직입니다. 일단 민원에 대응하고 여론을 잠재우려고 규제를 만들죠. 정부와 국회가 빠르게 움직이는 것을 나쁘다고 볼 수만은 없지만, 어느 순간에 보면 이렇게 급하게 만든 규제가 정작 민원이나 여론이 지적하는 문제를 풀지도 못하는 상황이 벌어집니다. 하지만 또 그냥 넘어가죠. 새로운 민원과 여론이 또 나타나거든요. 그럼 또 빠르게 규제를 만들고… 이렇게 하다 보니 플랫폼 산업과 관련해서 거의 매일 규제가 1개씩은 생기고 있습니다. 과장이 아니라 2024년에 플랫폼 산업에 대한 규제가 300개 정도 새로 시도되었습니다. 우후죽순처럼 규제가 늘어나다 보니 플랫폼 산업을 키우는 산업 정책에 신경 쓰기도 어렵습니다.

플랫폼 산업계를 대변하는 협회가 과도하게 바라보고 있는 것은 아닌가요?

외부에서 볼 때 그렇게 느껴질 수도 있습니다. 하지만 플랫폼 산업 현장에서는 실제로 한 걸음 내딛는 것조차 쉽지 않은 상황입니다. 새로운 서비스를 시도하거나 서비스를 개선하려 할 때마다 규제 논의가 불거지곤 합니다. 그렇다면 그동안 만들어진 규제들이 실제로 사회 문제를 해결해 왔을까요? 저는 그렇지 않다고 봅니다. 타다 플랫폼 사례만 봐도 알 수 있습니다. 강력한 규제가 산업 혁신을 막았지만, 정작 교통 문제나 소비자 편익이 개선되었나요? 온라인 플랫폼 전반에 대한 포괄적 규제가 도입된다고 해서 산업이 건강하게 성장하고 사회 문제가 해결될 것이라고 기대하는 것은 어렵다고 봅니다.

이 대목에서 냉정하게 바라볼 필요가 있습니다. 사회 문제에 얽힌 이해관계자가 여럿 있을 때, 규제는 결국 어느 한쪽에 부담을 지우는 방식으로 작동합니다. 그렇기 때문에 규제를 받는 당사자가 '왜 이 규제가 필요한지, 이를 통해 어떤 효과를 기대할 수 있는지'에 대해 납득할 수 있어야 합니다. 규제는 누군가에게 무엇인가를 하게 하거나 못 하게 하는 일이잖아요. 결국 규제에 따르는 행위자가 규제의 맥락을 수용해야 하는데, 납득하기 어려운 맥락이라면? 규제 실효성이 떨어집니다. 강제성이 있으니 따르기는 하지만 말도 안 되는 규제라고 생각하면 규제의 효과가 떨어지죠. 이렇게 되면 규제 전반에 대해 신뢰하지 못하는 경향이 생겨납니다. 전체적으로 얻어지는 것이 없는 상황이죠. 성장하기도 어렵고, 문제를 해결하기도 어렵고, 답답함만 쌓여갑니다. 지금이 그런 상황이라고 봐요. 어떤 경우에는 규제안을 만드는 측에서도 자신들이 만든 규제에 대해 고개를 갸웃거립니다. 그럼에도 전체적인 분위기를 거스를 수 없어서 떠밀려 가는 측면이 있죠. 산업 정책도 공공성 수호도 어려워집니다.

이런 상황에서 벗어나는 방법이 있을까요?

플랫폼 기업들은 영리 기업입니다. 더 나은 서비스를 제공해야 돈을 벌 수 있고, 그래야 살아남을 수 있죠. 따라서 '더 나은 서비스란 무엇인가?'에 대해 고민을 많이 합니다. 이미 한국은 다양한 가치를 추구하는 사회가 되었어요. 이는 무언가를 소비할 때 다양한 가치를 복합적으로 판단한다는 뜻입니다. 왜 플랫폼이 이렇게 많이 쓰이게 되었을까요? 앞서 말했듯이 올바른 방식으로 사회 문제를 해결하는 효과에 대해 사람들이 인정을 해줬기 때문입니다. 생산지의 농민들에게는 그들의 노동에 합당한 더 많은 보상, 소비자는 더 싸고 편리한 소비라는, 분명하게 해결해준 사회 문제가 있습니다. 불필요하게 복잡했던 유통 문제를 어느 정도 해결해준 겁니다. 그러니까 사람들이 플랫폼을 받아들일 수 있었던 것이죠. 그리고 이런 맥락을 플랫폼 기업들도 너무 잘 알고 있어요. 그러니 플랫폼 기업들도 공공성에 대해 고민합니다. 플랫폼 기업에 있는 사람들은 문제를 푸는 데 몰입한다고 했잖아요. 그들이 풀고 싶어 하는 것들 가운데 이미 공공성이 들어와 있습니다. 공공성을 담보하지 않으면 장사를 할 수 없으니까요. 따라서 플랫폼 기업 스스로 규제할 수 있는 길이 가능합니다.

자동차, 조선, 철강, 반도체 등의 산업이 성장할 때는 정부가 어느 정도 앞장선 부분이 있었습니다. 정부가 가진 정보가 많았고, 그 정보를 다룰 수 있는 능력이 있는 사람들이 정부에 있었으니까요. 그런데 IT 산업, 플랫폼 기업으로 넘어오면 상황이 조금 달라집니다. 플랫폼 기업에 정보가 더 많고, 그 정보를 다룰 수 있는 능력이 있는 사람들도 플랫폼 기업에 더 많아요. 그리고 공공성에 대한 가치도 중요하게 받아들이고 있죠. 따라서 플랫폼 기업에 있는 사람들이 스스로를 어떻게 규제할 것인지, 기업을 성장시키면서도 사회적 문제를 어떻게 해결할 것인지 찾아볼 수 있는 기회를 플랫폼 기업에 주는 것이 효과적일 겁니다. 자율규제로 막혀 있는 지금의 상황을 뚫어볼 수 있는 것이죠.

하지만 지금까지 쌓여 있던 불신의 벽을 곧바로 허물기는 어렵지 않을까요? 기업에게 공익을 담지할 수 있도록 스스로를 규제하라고 선뜻 권한을 내어주기는 어려울 것 같습니다.

걱정이 앞설 수 있습니다. 다만 이런 부분도 고려를 해봐야 합니다. 지금까지 한국의 IT 산업, 플랫폼 기업들은 잘 성장해왔습니다. 전 세계적으로 보면 미국, 중국을 빼고 유의미한 자국 IT 산업과 플랫폼 기업을 갖고 있는 나라는 없습니다. 적어도 제가 볼 때는 그래요. 경제를 이야기할 때 빠지지 않는 유럽과 일본도, 이렇다 할 자체 IT 산업이나 플랫폼 기업은 갖고 있지 않아요. 물론 돈으로 플랫폼 기업을 사들이기는 하지만 인력과 경험 측면에서 보면, 저는 미국과 중국을 제외하고는 한국이 유일하다고 봅니다.

운이 좋았죠. 미국은 새로운 산업이 나타나면 자유롭게 풀어놓고 경쟁을 시키잖아요. 문제가 생겨도 웬만하면 시장에서 해결하게끔 둡니다. 한국의 IT 산업과 플랫폼 기업이 성장할 때, 이런 식의 자유로운 경쟁이 가능했어요. 의도했던 것은 아니죠. 낯선 분야이다 보니 규제할 수 없었던 측면이 있었거든요. 그래서 운이 좋다고 한 겁니다. 중국은 어떨까요? 중국은 뭔가 된다 싶으면 정부가 나서서 리드합니다. 한국에서도 이런 일이 있었어요. 정부가 주도해서 대대적으로 IT 인프라를 깔았죠. 정부가 주도하지 않았다면 불가능했을 겁니다. 역시 운이 좋았죠.

하지만 운이 좋았던 시절은 끝났습니다. 전 세계적으로 다들 알아버렸거든요. IT 산업과 플랫폼이 얼마나 중요한지, 그리고 어떻게 성장을 시켜야 하는지 알아버린 것이죠. 게다가 AI라는 초강력 변수까지 더해졌습니다. 경쟁은 글로벌한 국면으로 넘어갔습니다. 그리고 이런 변화를 피부로 느끼고 있는 주체들이 우리 플랫폼 기업들입니다. 당연한 일이죠. 현장에 있으니까요.

이런 이유로 플랫폼 기업들이 가장 마음이 급합니다. 지금이 위기라는 점, 그리고 위기를 돌파하기 위한 더 큰 성장이 필요하다는 점을 알아요. 여기에 더해 플랫폼이 가진 특성, 소비자와 늘 접촉하고 있기에 소비자들이 무게를 두는 공공성의 가치를 외면하고서는 투자를 받을 수도 없고 성장할 수도 없다는 것을 잘 알고 있습니다. 공공성을 탑재하지 않으면 경쟁력이 떨어지거든요. 폐수를 방류하는 공장에서 나오는 상품을 소비자들은 이제 구입하지 않아요. 이미 상수가 된 조건입니다.

그러니 가장 효과적이고 효율적으로 스스로를 규제하는 방법을 찾을 겁니다. 현장에서 어느 정도 떨어져 있는 정부가 규제에 나서면, 그 규제가 비록 선한 의도와 책임감에서 비롯한 것이라고 해도, 오히려 상황을 악화시키고 플랫폼 기업의 발목을 잡을 수 있습니다. 이렇게 발목이 잡히면, 한국은 자국 IT 산업과 자체 플랫폼을 한순간에 내어줄 수 있어요. 심지어 IT 산업과 플랫폼이 다루는 것은 정보입니다. 소비자들에 대한 정보, 국민들에 대한 정보가 외국 산업계와 외국 플랫폼에 넘어갈 수 있는 것이죠.

그렇다면 정부는 어떤 역할을 맡아야 하죠?

상황이 호락호락하지는 않지만 그렇다고 비관적으로만 볼 것도 아닙니다. 기회는 있어요. 'K'로 대표되는 한류도 기회 가운데 하나겠죠. 플랫폼은 소비자와 밀접하게 닿아 있습니다. 검색을 했는데, 영어로 된 자료들이 먼저 보여서 국내 자료를 찾으려면 페이지를 여러 번 넘겨야 한다거나, SNS의 기본 언어가 영어로 되어

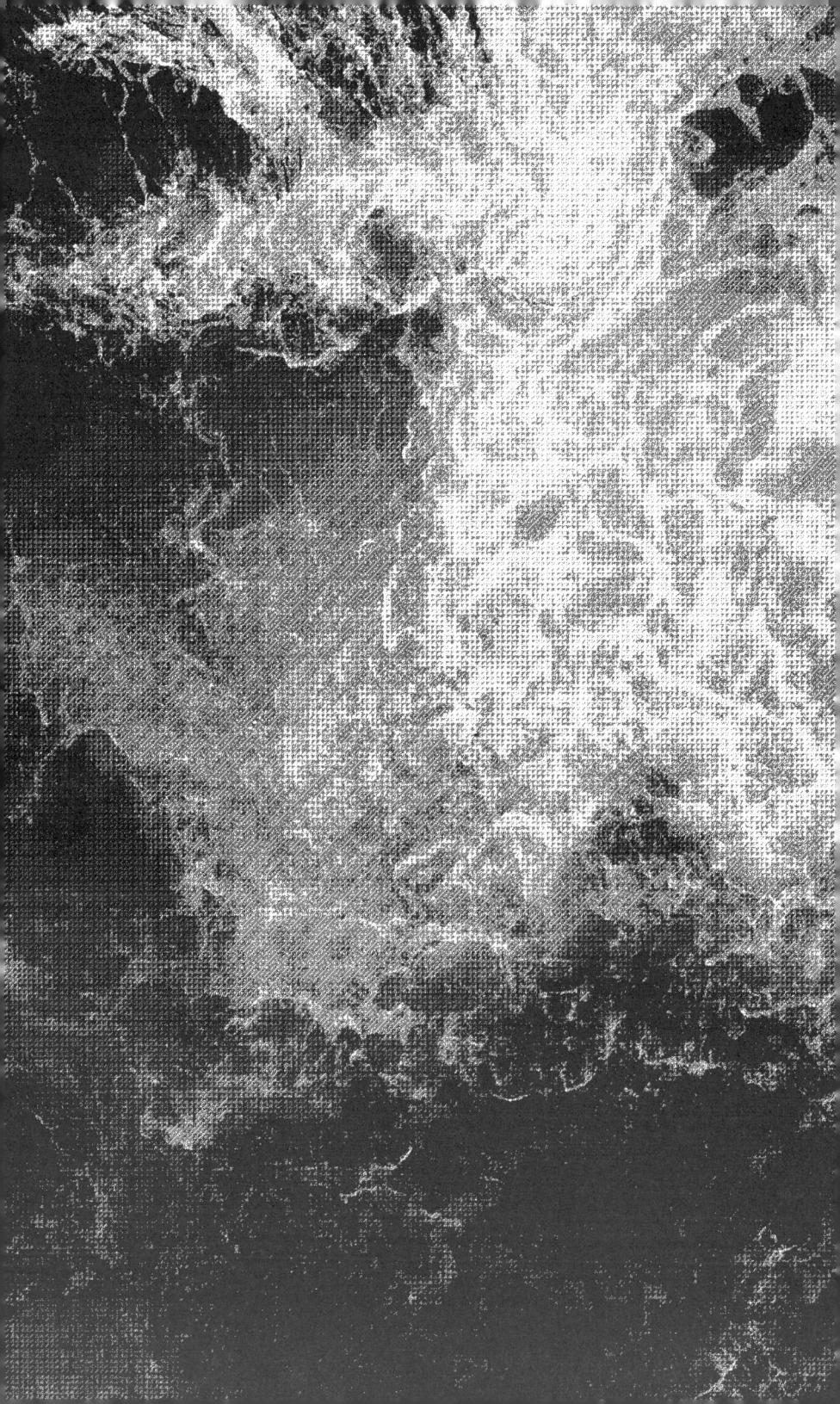